基于大数据的产业竞争态势动态预警机制研究

吴金红 著

科学出版社

北京

内 容 简 介

本书从大数据的视角出发,科学系统地研究基于大数据的产业竞争态势监测中的各种关键问题,包括产业竞争态势动态监测系统体系构架、大数据采集与质量控制、基于大数据的产业竞争态势分析与监测和大数据环境下产业竞争态势监测系统运行机制研究。本书针对传统产业竞争态势分析中存在的片面性、时滞性和静态性等问题,将大数据理论与技术应用到产业竞争态势动态监测过程之中,探讨构建产业竞争态势的全景分析与监测、智能预测,以及快速响应的动态预警模型和运行机制,对各行业领域提高竞争态势的感知能力有较强的社会和经济价值。

本书可以帮助企业信息分析人员快速了解这一领域,同时也可以供情报学专业的学生及相关领域的科研人员阅读。

图书在版编目(CIP)数据

基于大数据的产业竞争态势动态预警机制研究 / 吴金红著. —北京:科学出版社,2022.9

ISBN 978-7-03-070352-1

Ⅰ. ①基… Ⅱ. ①吴… Ⅲ. ①市场竞争-研究-中国 Ⅳ. ①F723

中国版本图书馆 CIP 数据核字(2021)第 221851 号

责任编辑:郝 悦 / 责任校对:贾娜娜
责任印制:张 伟 / 封面设计:无极书装

科学出版社 出版
北京东黄城根北街 16 号
邮政编码:100717
http://www.sciencep.com

北京建宏印刷有限公司 印刷
科学出版社发行 各地新华书店经销

*

2022 年 9 月第 一 版 开本:720×1000 1/16
2023 年 1 月第二次印刷 印张:7 1/4
字数:144 000

定价:102.00 元
(如有印装质量问题,我社负责调换)

前　　言

近年来，随着互联网经济的发展和经济全球化的大力推进，企业面临的竞争也越来越激烈，产业内企业之间竞争态势的变化周期越来越短。传统的产业竞争态势分析理论在大数据时代暴露出时效性差、有片面性等不足，迫切需要一种更加全面、成熟的理论来指导产业竞争态势预警实践工作，规避企业发展中可能遇到的战略风险。本书将大数据理论、技术与方法引入产业竞争态势的分析与预警，从大数据给产业竞争态势分析带来的冲击和机遇出发，探索大数据环境下产业竞争态势监测的理论与方法，构建大数据环境下产业竞争态势分析和监测的体系构架及产业竞争态势预警方法体系，深入分析大数据环境下的产业竞争情报运行机制，以期增强企业决策者的洞察和预见能力。

本书为国家社会科学基金项目"基于大数据的产业竞争态势动态预警机制研究"（13CTQ033）的研究成果，基本涵盖基金项目拟定的研究内容，其中部分具体研究内容和顺序根据课题进展情况做了细微调整及延伸。由于多方面的原因，本书部分内容采用的是10年前的数据。然而，虽然时间间隔有点长，但不影响研究成果的方法论，研究模型、过程和方法对于当前的研究仍然具有较好的参考意义。本书共分为七个部分。

第一章，绪论。介绍产业竞争态势动态预警的研究背景，分析产业竞争情报的发展趋势、产业竞争态势分析的研究动态、产业竞争态势动态预警的诉求及研究内容概览。

第二章，大数据与产业竞争态势预警。介绍产业竞争态势动态预警的大数据基础，分析国内外大数据的发展现状、应用领域，大数据环境下的竞争情报研究出现的机遇，以及基于大数据的产业竞争态势动态预警可能会产生的价值。

第三章，产业竞争态势动态监测的系统构架。根据大数据的体系构架，结合产业竞争态势动态监测的需要，本章构建了基于大数据的产业竞争情报系统五层的体系构架，采用 Mega 模型来表示产业竞争态势动态监测系统，并根据大数据和竞争情报的特点，尝试对 Mega 模型进行改进和扩展，旨在为大数据时代竞争情报系统开发和研究探索一种规范化、标准化的系统建模方法。研究 Mega 模型的定义、说明描述、模型组合和模型控制机制；并以 Mega 模型为描述工具，将大数据产业竞争态势监测系统以结构化的方式进行表示，探讨该体系构架的运行模式和控制机制。

第四章，数据采集与质量控制。分析产业竞争态势所面对的大数据，将之分为交易数据、网络数据、物理系统数据，提出产业竞争态势的大数据采集基本框架。此外，还包括如下内容：①分析大数据实时数据处理的流模式、批处理模式的适用场景，探索适合产业竞争情报应用的离线/实时信息采集构架；②集成 Hadoop、Spark、Kafka、Hive 等大数据采集工具，构建产业竞争态势的大数据离线和实时采集框架；③探索数据质量控制的机制、方法和模型，围绕数据质量管理展开深入的研究，在理论上建立起数据质量控制的参考模型，在实践上探索数据的管理方法，为产业竞争态势动态监测提供优质的数据。

第五章，产业竞争态势分析与动态预警。在波特五力模型的基础上，构建了产业竞争态势 360°监测模型，将要监测的范围分为上、下、左、右、前、后等六个维度，并且详细介绍了如下内容。①分析产业竞争态势分析和监测的范围和指标。②结合产业竞争态势分析与监测的需要，梳理了六个维度上一般常用的分析方法，并且探讨了大数据环境下产业竞争态势分析与监测方法的新要求，包括敏锐的洞察能力、智能的分析能力、准确的预测能力、强大的融合能力、多样的可视化能力等。③探讨了面向大数据的产业竞争态势分析与监测方法，并划分为四大类：数据洞察类、人工智能类、趋势预测类、数据可视化。为构建大数据环境下的情报分析方法体系提供了依据。

第六章，基于众包的动态预警系统运行机制。大数据为企业竞争情报构建了一个全新的、立体的信息生态空间，但其 3V 特征①也使传统的、以人工分析为主的情报工作模式遇到了人才、资金及创新等多重挑战。如何调整竞争情报工作的信息技术（information technology，IT）模式使企业能够借助大数据带来的大洞察增强企业的核心竞争力有着重要的现实意义。基于此，该部分内容如下：①调查分析大数据时代进行产业竞争态势监测面临的挑战；②探索低成本、激发大众的支持和参与的众包模式及其在竞争情报系统中的应用；③研究用户参与大数据众包活动的影响因素。该模型对于大数据复杂环境下如何低成本地进行产业竞争态势监测具有重要的指导意义。

第七章，结论与展望。分析了本书的贡献，以及存在的局限，提出在未来的研究中需要重点关注的内容。

---

① 国际商业机器公司（International Business Machines Corporation，IBM）把大数据特征概括为三个"V"，即大量（volume）、快速（velocity）和多样（variety）。

　　通过这样的内容安排，希望本书提出的产业竞争态势动态分析与预警，能够全方位地实现对产业本身及其竞争对手的实时监测，快速分析产业自身发展态势，及时识别来自竞争对手的威胁，通过提供产业政策环境、竞争对手、技术创新等方面的深度分析报告，预测产业发展趋势和产业竞争态势的未来变化，对各行业领域提高竞争态势的感知能力有较强的社会和经济价值。

吴金红

2021 年 12 月 30 日

目　录

第一章　绪论 ··· 1
第一节　产业竞争情报的发展趋势 ·· 1
第二节　产业竞争态势分析 ·· 4
第三节　产业竞争态势动态预警 ·· 6
第四节　研究设计与研究内容 ·· 6
第五节　本章小结 ·· 9
第二章　大数据与产业竞争态势预警 ·· 10
第一节　大数据的定义与特征 ··· 10
第二节　国外大数据的发展现状 ··· 11
第三节　国内大数据的发展现状 ··· 13
第四节　大数据与产业竞争态势分析 ······································· 14
第五节　产业竞争态势预警的价值分析 ····································· 16
第六节　本章小结 ··· 17
第三章　产业竞争态势动态监测的系统构架 ··································· 18
第一节　产业竞争态势预警的大数据平台构架 ······························· 18
第二节　Mega 模型表示法 ·· 24
第三节　产业竞争态势预警系统的构架及其模块构成 ······················· 26
第四节　系统运行模式 ··· 29
第五节　系统控制机制 ··· 32
第六节　系统核心技术 ··· 34
第七节　本章小结 ··· 35
第四章　数据采集与质量控制 ·· 36
第一节　产业竞争态势分析的大数据来源 ··································· 36
第二节　产业竞争态势的数据采集 ··· 36
第三节　产业竞争态势大数据的质量控制 ··································· 42
第四节　本章小结 ··· 50
第五章　产业竞争态势分析与动态预警 ······································ 51
第一节　产业竞争态势分析与监测的范围 ··································· 51
第二节　产业竞争态势分析和监测的指标 ··································· 52

第三节　产业竞争态势分析和监测的方法 ……………………………55
　　第四节　基于大数据的产业竞争态势分析与监测方法 …………………58
　　第五节　LTE 领域竞争态势分析 ……………………………………65
　　第六节　本章小结 ………………………………………………72
第六章　基于众包的动态预警系统运行机制 ……………………………73
　　第一节　大数据情境下企业竞争情报面临的挑战 ……………………73
　　第二节　产业竞争态势监测的众包模式 ………………………………74
　　第三节　产业竞争态势监测众包的关键环节 …………………………76
　　第四节　参与产业竞争态势监测众包的影响因素 ……………………80
　　第五节　本章小结 ………………………………………………89
第七章　结论与展望 ……………………………………………………90
　　第一节　主要结论 ………………………………………………90
　　第二节　研究的主要贡献 ………………………………………90
　　第三节　研究局限和未来研究方向 ……………………………………91
参考文献 ………………………………………………………………93
附录　大数据环境下用户参与众包项目的行为研究问卷 …………………101
后记 ……………………………………………………………………104

第一章 绪 论

第一节 产业竞争情报的发展趋势

产业竞争态势动态预警属于产业竞争情报的范畴，它从大量信息中析取出关于产业竞争环境的动态性、应对性情报。由于外部环境动态复杂性日益凸显，近年来产业竞争情报获得了较多的关注，取得了一定的成果。

一、产业竞争情报

对产业竞争情报的研究主要从理论层面对产业竞争情报的概念、特征、特点进行界定，并将之与企业竞争情报、国家竞争情报进行区分。对产业竞争情报研究比较早、成果比较多的是郑彦宁、赵筱媛、陈峰研究团队，该团队在 2009 年最早提出产业竞争情报的概念，并发表了一系列与产业竞争情报有关的研究论文，对产业竞争情报的作用、意义和特征进行了界定（陈峰，2014；郑彦宁等，2009；赵筱媛等，2014）。国内其他学者也对产业竞争情报的内涵和外延进行了研究，如刘帅在其硕士学位论文中提出产业竞争情报是以提升一个国家或地区特定产业的竞争优势为目的，通过搜集、整理、加工、分析产业竞争对手、产业竞争环境及其他相关情报要素的相关信息，从而制定出相应的产业竞争战略，最终提升整个国家或地区的整体竞争力的动态性、应对性情报（刘帅，2016）。与此同时，不少学者对产业竞争情报、国家竞争情报、企业竞争情报之间的异同也展开了深入的探讨，产业竞争情报逐渐作为竞争情报研究的一个分支独立出来。

二、产业竞争情报分析

产业竞争情报概念提出以后，引起了不少学者的关注，学者纷纷提出了产业竞争情报的分析框架、方案和方法。总体来看，既有从企业战略理论方面提出的方法，也有从情报学理论方面提出的方法。企业战略理论方面主要是从产业跟踪路线图、产业链理论角度提出产业竞争情报的分析方法，如史敏、刘素华研究团队从产业环境的角度，提出产业跟踪路线图方法：史敏和肖雪葵（2010）论述了产业跟踪路线图主要由产业跟踪导引图、产业跟踪基本要素表和产业跟踪路线图三个部分构成,并提出了产业跟踪路线图的制定流程;随后,刘素华等(2010)以湖南省有色金属产业跟踪路线图的制作为例,从湖南省有色金属产业跟踪路线图的服务对象选择与需求分析、产业跟踪导引图和产业跟踪基本要素表的制作、信息源的选择与信息监测方案的制订,以及竞争情报产品的最终生成等方面,详细阐述了产业跟踪路线图方法在具体产业研究中的应用。张立超团队提出了产业链视角下的产业竞争情报分析框架,重点研究了产业链内外部所涉及的各类情报要素及其分析重点,最后结合理论探讨给出了产业竞争情报在我国光伏发电产业链中具体应用的实例(鲁晶晶等,2010;郭学武和张立超,2012)。情报学理论方面的学者则主要是从专利技术分析入手,来进行产业竞争情报的分析。例如,邓洁等(2013)将专利申请信息和专利法律状态信息同时纳入专利组合分析模型,通过构建相对技术优势、加权平均申请年龄和加权平均存活年龄三个指标分别从技术强度、技术累积度和专利质量的角度全面反映分析对象的技术竞争力,识别出不同技术领域的技术领导者、技术跟随者和技术参与者。刘高勇等(2014)则设计了产业竞争格局分析体系构架,通过专利关联分析,探索专利数据中隐含的产业内各企业的竞争与合作关系,揭示出产业内的竞争态势与格局。总体来说,产业竞争情报分析方法受到了学者的关注,分析方法层出不穷,如多元信息论、社会网络、产业投资、双钻石、波特五力模型、波士顿矩阵等陆续被引入产业竞争情报分析。

三、产业竞争情报服务

产业竞争情报服务主要集中在服务对象、服务供给主体、服务体系、服务模式等几个方面。例如,郑彦宁等(2011)深入分析了产业竞争情报的服务供给主体,指出政府、公共科研机构、行业协会、营利性咨询机构都是重要的服务供给主体,企业既是受益者,在一定条件下也可以成为供给者。赵洁等(2014)从政府、产业、企业三个层面定义了战略性新兴产业的竞争情报服务需求,提出了一个支持战略性新兴产业发展的竞争情报服务体系,讨论了它的内涵和原则、构成、工作流程、产品形式等问题。涂红湘等(2011)将嵌入性理论引入产业竞争情报,分析了产业竞争情报联盟的特点、实践形式及相关问题,探讨了竞争情报系统与产业门户实现无缝隙嵌入的本地化服务模式。赵筱媛等(2014)构建了产业竞争情报服务模式分析框架,从服务主体、服务生产方式、服务形式、服务供应方式出发,对国内外实践进行分析,总结出多种典型的服务模式。

四、产业竞争情报应用

产业竞争情报在各行各业的应用研究如下。陈峰等(2009)从竞争情报的基本过程、竞争情报的功能、单体涉案企业需要的外部支持三个视角，以及竞争情报需求、信息收集、信息分析、早期预警功能、环境监视与竞争对手跟踪功能、决策支持功能、建立应对反倾销指控组织机构需要的支持、将决策转化为行动并实现预期目标需要的支持等多个方面，对产业竞争情报在反倾销诉讼中的应用进行了解析，明确了产业竞争情报的意义和作用。张立超等（2011）从我国产业风险预警的现实需要出发，将产业竞争情报理论引入产业风险预警体系建设工作，从运作机制、组织体系、制度保障三个方面提出产业风险预警体系建设的有关思路，搭建了产业竞争情报风险预警运作机制的基本理论框架，提出了可行的产业竞争情报风险预警体系的运行模式，构建了由多方共同参与的产业风险预警制度保障体系。陈芊里和张禹（2013）在产业竞争情报视角下分析食用玫瑰产业，通过引入竞争情报和危机预警等理论，构建食用玫瑰产业竞争情报预警机制。

五、产业竞争情报智能化趋势

从上述调查结果可以看出，对于产业竞争情报的研究方兴未艾。对产业竞争情报的研究自 2009 年被提出以后，得到了广大情报学者的关注，但总体上来说研究力量仍然较为单薄，研究成果较少。从研究的内容来看，很多研究成果是将企业竞争情报的理论与方法嫁接到产业竞争情报之上，实际上这两者有很大的区别。另外，从研究视角来看，大数据、人工智能作为国家战略重要内容的提出，必然会影响到产业竞争情报的思维、方法和运行模式，而从已有的研究来看，很少有对新形势下产业竞争情报的研究。

当前，大数据成为继云计算、物联网之后又一引发热议的研究对象。从表征上看，大数据是指无法在可容忍的时间内，用传统 IT 和软硬件工具对其进行感知、获取、管理、处理和服务的数据集合（李国杰，2012）。而从实质上看，大数据是一场以"数据驱动"为特征的人类思维与决策模式的变革。作为企业决策支持的产业竞争情报，更应贯彻"任何人都必须用数据说话"的思想，从大数据里挖掘企业决策所需要的洞见。具体到竞争情报工作实践，大数据呈现的体量大、类型繁多、价值密度低的特点，亟须借助以机器学习、深度学习、人工智能等理论为基础的智能数据分析方法，从海量数据中获得洞见。以 MapReduce、Hadoop、Hive、NoSQL 为代表的大数据技术体系具有足够的容错性和扩展性，以处理复杂多样的非结构化、半结构化大数据，分布式计算、流计算、内存计算等大数据计算模式使得产业竞争态势的动态监测和预警具有近乎实时的时效性，机器学习、卷积神经网络、深度学习等一大批智能挖掘算法，则为企业提供了足够的预见能力和洞察能力。

第二节　产业竞争态势分析

如前文所说，产业竞争态势分析是产业竞争情报的一个重要分支，目前国内外对产业竞争情报进行了多方面的深入研究，具体到产业竞争态势分析方法的研究，可以划分为如下几类。

一、战略分析法

此类方法大多为定性分析法，主要用于企业竞争战略分析和策略制定。它将经济管理科学中的战略管理和策略制定思想与企业竞争情报实践相结合，以直观、简洁的方法定性地描述企业组织面临的竞争环境、竞争对手、竞争产品等方面的竞争态势，为竞争战略和策略制定提供依据和决策支持，此类方法受到竞争情报从业人员和战略管理人员的偏爱。经典的战略分析法主要有施乐公司的定标比超分析法（benchmarking，也称标杆分析法）、韦里克（Weihrich）的 SWOT①分析［也称 TOWS 分析法、道斯矩阵（Shinno et al.，2006）］、波特五力模型（波特，1997）和战争游戏法（严贝妮等，2010）等。

二、数学模型法

此类方法主要通过分析影响竞争态势的关键要素来构建模拟企业竞争态势和企业间竞争关系演化的数学模型，从定量、半定量的角度分析相关企业竞争态势，如微分动力模型、层次分析法（Yüksel and Dağdeviren，2007）、模糊分析法（李军舰和王以群，2007）、DEA 法（曾进，2008）和基尼系数分解法（韩贵义等，2010）等。此外，作为应用数学分支之一的博弈分析也常常被用于竞争策略优化分析。《孙子兵法》是最早的博弈论著作，而后有近代冯·诺伊曼（von Neumann）和摩根斯坦（Morgenstern）的博弈论、纳什（Nash）的博弈均衡点，以及博弈均衡分析等。

三、社会网络分析法

这类方法通过考察网站（网页）之间的链接关系或者相同关键词出现的频次，来判断其相互之间合作与竞争的关系。其代表人物是 Vaughan，如 Vaughan 和 You

---

① SWOT，strengths、weaknesses、opportunities、threats，即优势、劣势、机会、威胁。

（2006）用共链法和多维尺度分析法分析了32家电信企业的链接结构，从中推导出这些企业在产业内部的竞争地位；随后，Vaughan 和 You（2010）又针对共链法中存在的缺陷，提出利用网络共词法（co-word）进行竞争态势分析，研究结果表明网络共词法与共链法可以相互补充。金俣昕（2009）搜集了31家全球知名咨询企业的共链数据，然后用多维尺度分析法分析管理咨询行业的竞争态势，结果表明：共链分析可以作为竞争态势分析的一种新方法，并且如果将共链分析与内容分析结合起来使用会使分析结果更为精确。杨冠灿和刘彤（2012）认为隶属网络分析方法是一种针对多维信息的分析方法，隶属网络的二元性特征使隶属网络分析方法具有双重的、互为补充的多元视角，能够克服统计口径、时滞的缺陷，从而为分析复杂现象下的多维度数据分析提供便利。他们还提出了利用隶属网络进行竞争态势分析的基本框架。刘志辉等（2011）提出基于网络关系整合的竞争态势分析方法，实证结果表明这种方法不仅可以揭示出企业间的竞争关系，而且能发现产业或企业间的供给关系；在进行竞争态势分析时，可以对基于不同方法所得到的结果进行综合分析，以提高分析结果的信度与效度。

四、专利分析法

专利分析法就是利用统计分析工具、社会网络工具来分析产业内所申请的专利，从技术发展的视角来分析产业内企业的竞争态势，通常采用的方法有专利地图法、专利计量法、专利引文分析法、专利权人统计分析法。比如，刘志辉和赵筱媛（2012）以风能产业为例，以专利形态相似性作为分析的依据，对风能产业的竞争态势进行了深入的研究，结果证实了专利形态相似性分析法的有效性；Lee 等（2009）探讨了利用基于关键词的专利地图法去发现新技术的应用机会；Park 等（2013）针对基于关键词的专利地图法的缺陷，提出了一种基于SAO[①]的专利分析法，用以展示产业技术布局和监测技术发展趋势。

五、生态位分析法

这类方法主要从企业生态网络的角度出发，运用生态学中的生态位理论来构建生态位态势模型，从生态位宽度、生态位重叠等多维度进行存量（态）和增量（势）的定量评价和动态分析。例如，史晓晨和顾力刚（2011）运用生态位理论，将消费者视为企业生存所倚重的资源，利用价格生态位分析了主要轿车生产企业之间的竞争态势；冉华和周立春（2015）以生态位理论及其分析模型为理论资源

---

① 即 subject-action-objection，指主谓宾结构。

和研究工具，通过考察我国 2007～2013 年这 7 年间广播、电视及网络媒介对受众资源的开发和利用，分析展示了这三种媒介之间的竞争态势和演化轨迹；陈娟（2013）在对丽江地区游客量生态进行研究时引入生态位理论，并用生态扩充模型对该地区的游客量生态位和旅游收入生态位及旅游生态位扩充率进行测算，从而发现了丽江旅游当时发展状况中的旅游生态位扩充现象。

第三节　产业竞争态势动态预警

由于情报资源或信息处理技术等各方面的原因，这些产业竞争情报分析方法仍存在一些共性的问题，主要体现在以下几个方面。

（1）片面性。计算容量受限，限制了分析的数据资源的数量，而采取抽样的分析方法，导致结论片面的可能性很大。

（2）时滞性。处理能力有限，不能快速有效地消化和处理大型数据集；另外，采用离线分析的模式，势必造成时间上的滞后；非结构化的信息需要转化为结构化的信息才能处理，进一步增加了情报分析结果的时延。

（3）静态性。许多方法非常注重信息技术的运用，能够实现信息的自动分类、聚类，但没能很好地利用信息产生和存在的情境。Phythian（2009）明确指出：获知情境是至关重要的。情境的缺失，势必会影响情报分析结果的说服力，甚至会导致情报研究结果的重"态"不重"势"，结果展现的是分析时间点上的竞争格局，而缺少对竞争趋势的洞察。

因此，迫切需要一种更加全面、成熟的理论来指导产业竞争态势预警实践工作，规避企业发展中可能遇到的战略风险。将大数据理论、技术与方法引入产业竞争态势预警工作，不仅可以帮助企业认清发展环境、识别潜在风险，还可以帮助企业增强抵御风险能力，提高竞争优势，实现健康可持续发展。本书拟从大数据给产业竞争态势分析带来的冲击和机遇出发，探索大数据环境下产业竞争态势监测的理论与方法，构建大数据环境下产业竞争态势分析和监测的体系构架及产业竞争态势预警方法体系，深入分析大数据环境下的产业竞争情报运行机制，以期增强企业决策者的洞察和预见能力。

第四节　研究设计与研究内容

一、研究设计

大数据给产业竞争态势分析带来了机遇和挑战，首先，以"数据驱动"为特征的人类思维与决策模式的变革凸显了竞争情报的重要性。大数据时代决策更加基于数据，而不是主观意志。从情报学的角度来看，大数据时代决策更加依赖"竞争情报"的即时支持。其次，传统的竞争态势预警方法具有片面性、时滞性、静态性等不足，大数据技术所具有的全面性、近乎实时性和动态性等特点，能够有效应对海量数据带来的复杂性、实时性和全方位的分析要求。最后，产业竞争态势不仅需要重"态"，更需要重"势"。以时间为轴的产业竞争态势动态预警更能够提高企业对竞争态势的感知能力。基于此，在本书研究过程中拟采取如下研究思路。

首先，采用网络调查法和文献研究法分析和归纳已有的竞争态势分析、大数据及数据挖掘相关成果，进一步掌握理论依据和研究动态。

其次，在构建产业竞争态势动态预警体系的过程中，借鉴前人动态预警的研究，结合大数据环境下的用户特点和用户需求，设计适用于产业竞争态势动态预警的体系；在研究实时信息汇集、情报智能分析方法的过程中，采用归纳演绎法、类比推理法和机器学习，将人工智能、大数据等的理论和方法引入情报学领域，将机器学习、数据挖掘等人工智能方法引入产业竞争态势动态预警过程。

最后，采用交叉验证法，通过原型系统模拟产业竞争态势预警模型的运行，并根据实验结果对算法和系统进行优化。

本书设计如图 1-1 所示。

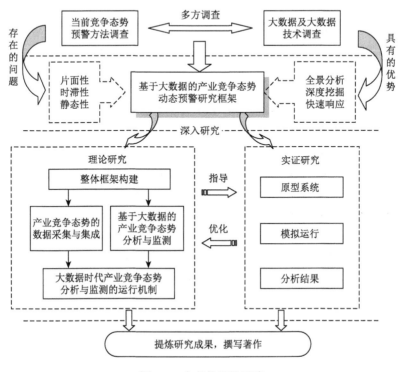

图 1-1　本书的设计思路

二、研究内容

针对传统产业竞争态势分析中存在的片面性、时滞性和静态性等问题,本书将大数据理论与技术应用到产业竞争态势动态监测过程之中,探讨构建产业竞争态势的全景分析与监测、智能预测及快速响应的动态预警模型和运行机制。具体的研究内容如下。

(1)产业竞争态势动态监测系统体系构架。根据大数据的体系构架,结合产业竞争态势动态监测的需要,本书构建基于大数据的产业竞争情报系统的体系构架。为提高模型的结构化和可重用性,采用 Mega 模型来表示竞争情报系统,并根据大数据和竞争情报的特点,对 Mega 模型进行改进和扩展,旨在为大数据时代竞争情报系统开发和研究探索一种规范化、标准化的系统建模方法。研究 Mega 模型的定义、说明描述、模型组合和模型控制机制;并以 Mega 模型为描述工具,采用结构化的方式对大数据产业竞争态势监测系统进行表示,探讨该体系构架的运行模式和控制机制。

(2)产业竞争态势分析的大数据采集与质量控制。基于局部的分析样本不能得到准确可信的竞争态势分析结果,通盘考察才能使结果接近事实。本部分的主要任务:①分析大数据实时数据处理的流模式、批处理模式的适用场景,探索适合产业竞争情报应用的实时信息采集构架;②集成 Hadoop、Spark、Kafka、Hive 等大数据采集工具,构建产业竞争态势的大数据离线和实时采集框架;③探索数据质量控制的机制、方法和模型,围绕数据质量管理展开深入的研究,在理论上建立起数据质量控制的参考模型,在实践上探索数据的管理方法,为产业竞争态势动态监测提供优质的数据。

(3)基于大数据挖掘的产业竞争态势分析与监测。本部分的主要任务:①分析产业竞争态势分析与检测的范围、指标和需求;②结合产业竞争态势分析与监测的需要,探讨基于大数据的产业热点自动发现、话题跟踪、产业核心企业关联结构识别等智能情报分析方法;③进行基于增量计算的产业竞争态势预测研究。

(4)大数据环境下产业竞争态势监测系统运行机制研究。本部分的主要任务:①调查分析大数据时代进行产业竞争态势监测面临的挑战;②探索低成本、激发大众的支持和参与的众包模式及其在竞争情报系统中的应用;③研究用户参与大数据众包活动的影响因素。

第五节　本　章　小　结

　　本章详细介绍了产业竞争态势分析的研究背景——产业竞争情报的研究现状和发展趋势，界定了产业竞争态势分析的含义，归纳总结了当前产业竞争态势分析中存在的不足（片面性、时滞性、静态性），提出了大数据环境下产业竞争态势动态预警的理念，并结合大数据环境下产业竞争态势分析的机遇，提出了本书的研究思路和研究主体框架。

第二章　大数据与产业竞争态势预警

第一节　大数据的定义与特征

大数据（big data）从字面上看，与我们以前所说的数据区别在"大"，所以有人理解为体积巨大的数据集才称为大数据，实际上这种理解并不全面。数据体量庞大是大数据的一个表面特征，但不能概括大数据的本质。实际上在国防、科研和生产领域，每天产生的数据量也非常惊人，数据的体量也很大。但这些数据不是大数据，究其原因，是因为这些海量的数据虽然体积庞大，但我们能够驾驭它，能够用当前的技术进行分析和利用。然而，随着互联网尤其是移动互联网的发展，数据像潮水一样涌现出来，并且各种各样的结构各异的数据也不断出现。复杂庞大并且增速极快的数据形成了一道难以逾越的鸿沟：一方面，海量的数据超越了人们数据处理能力的范畴，传统的数据管理和数据分析技术难以有效挖掘这些数据潜在的价值；另一方面，企业决策越来越依赖于数据，人们亟须快速从积累的业务数据及无处不在的网络信息中获得洞察市场的能力（吴金红等，2013）。

在这种情况下，一些 IT 企业率先提出大数据的概念，以区别传统意义上的"海量数据""信息爆炸""大规模数据"。随后，不同行业不同职业的人有不同的理解，并试图从不同的角度对其进行了定义。概括起来，有如下一些观点。

（1）技术视角下的定义。主要从技术层面对大数据进行定义，如维基百科将大数据定义为无法在可容许的时间内被传统信息技术和软硬件工具进行感知、获取、管理和处理的数据集[①]；全球著名的 Apache Hadoop 项目将大数据定义为无法在可接受的范围内被普通计算机进行抓取、管理和处理的数据集[②]。麦肯锡将大数据定义为无法在一定时间内用传统数据库软件工具对其内容进行抓取、管理和处理的数据集合[③]。美国的国家标准与技术研究院认为大数据的数据容量、获取速度和数据表示限制了传统工具与方法实施有效的数据分析和处理的能力（McAfee and Brynjolfsson，2012）。这些定义强调大数据处理的复杂性超出了传统 IT 系统

---

① https://xw.qq.com/cmsid/20210520A0B0KK00[2022-05-06].

② http://www.nature.com/news/specials/bigdata/index.html[2014-09-03].

③ https://www.jianshu.com/p/1f71861673f6[2022-05-06].

的数据处理和分析能力。有的定义则是由公司的高管提出，他们往往出于商业目的，较多地渲染数据处理的难度，从而说服用户进行系统升级。

（2）功能视角下的定义。主要从大数据的价值和功效来界定大数据。如国际数据公司（International Data Corporation，IDC）在 2011 年阐述了大数据定义：大数据描述了一个技术和设备的全新时代，能更经济地从海量多样的大规模数据中提取价值。麦肯锡则在其咨询报告《大数据：创新、竞争和提高生产率的下一个新领域》中宣布大数据将会是创新、竞争和生产力的下一个前沿。这类定义特别强调大数据的大价值，甚至将大数据提升到企业第四竞争力的高度。

实际上，大数据描述的是随着数据量和数据类型激增而逐渐衍生出来的一种现象，不仅包括大规模的体量、多样化种类的数据集，还包括对这种数据集进行高速采集、处理与分析以提取价值的技术架构和技术过程（吴金红等，2013）。

不管是技术层面还是功能层面的定义，大数据无不显示出显著的特征。在界定过程中，出现了 3V 论和 4V 论及 ABC 论。IBM 提出了 3V 论，将大数据特征概括为大量（volume）、快速（velocity）和多样（variety）[①]。而 IDC 则将大数据的特征概括为 4V：数据量（volume）大、数据类型（variety）多、时效性（velocity）高和价值（value）密度低。NetApp 则认为大数据应该包括 A、B、C 三个要素：大分析（analytic）、高带宽（bandwidth）和大内容（content）。其中大分析帮助用户获得价值，高带宽让数据处理速度更快，大内容指的是不丢失任何信息并实现高扩展性[②]。本书在上述论述的基础上进行归纳，认为大数据具有以下一些特征：①数据量大，PB 级甚至是 ZB 级；②数据类型多，数据新类型层出不穷；③价值稀疏性，有价值的数据比例小；④速度快，处理数据速度快，数据更新快；⑤复杂性，数据管理和数据分析复杂（吴金红等，2013）。

第二节　国外大数据的发展现状

大数据是当前被人们关注的研究领域，然而大数据并不是一个新概念，早在 20 世纪 90 年代，在数据仓库之父 Bill Inmon 的讲话中就可以找到大数据的雏形，只是当时并没有将它正式命名为大数据。2008 年 9 月 *Nature* 发表的文章"Big data：science in the petabyte era"中首次提出"big data"这个词。2011 年 *Science* 推出专刊 *Dealing With Data*，在该专刊中提出数据洪流（data deluge）这个概念，

---

① https://wenku.baidu.com/view/2db0c1de7f1922791688e8b6.html[2022-05-06]。
② http://www.d1net.com/news/hyxg/88828.html[2012-07-12]。

并且特别强调数据洪流的价值：如果能更有效地组织和使用这些数据，人们将得到更多的机会发挥科学技术对社会发展的巨大推动作用[①]。虽然没有明确使用 big data，但其含义与大数据一致。

这两个具有世界影响力的期刊先后特别关注大数据，引起了一些机构和企业对大数据的注意。2011 年 10 月麦肯锡发布题为《大数据：创新、竞争和提高生产率的下一个新领域》的研究报告，将对大数据的探讨推向了高潮。很多著名的 IT 公司纷纷发表对大数据的研究，如 2012 年 Gartner 发布了大数据发展报告预测；IBM、NetApp、IDC 等都对大数据进行了分析和定义。

与此同时，大数据也引起了政府决策部门的关注，部分国家和地区陆续发布了大数据的发展战略，如表 2-1 所示。

表 2-1　部分国家和地区大数据发展战略

序号	国家和地区	名称	内容	年份
1	美国	《大数据研究和发展倡议》	旨在提高和改进人们从海量和复杂的数据中获取知识的能力，进而加速美国在科学与工程领域发明的步伐，增强国家安全（王忠，2012）	2012
2	欧盟	"地平线 2020" 计划	数据信息化基础设施建设	2014
3	韩国	智慧首尔 2015	努力打造 "首尔开放数据广场"	2011
4	英国	数据英国	1.89 亿英镑用来发展大数据技术	2013
5	法国	数字化路线图	大数据是其战略性高新技术之一	2013
6	日本	《创建最尖端 IT 国家宣言》	2013~2020 年以发展开放公共数据和大数据为核心的日本新 IT 国家战略	2013

大数据改变了人们的决策模式，数据资源作为企业的重要智力资产，成为企业决策的基础，引发了 IT 巨头的广泛关注。世界各地一些著名的 IT 公司纷纷投入巨资迎接大数据的挑战：如 IBM 陆续推出 InfoSphere Streams 和 InfoSphere Big Insights 等一系列半结构化和非结构化的海量数据实时分析的大数据处理系统，目的是加快大数据战略布局的速度，抢占大数据市场。惠普（Hewlett-Packard，HP）公司在数据存储和分析领域投入巨额资金，不断收购数据存储和分析领域的企业，以期在大数据存储市场上抢占创新优势。甲骨文（Oracle）公司为了应对大数据产生的智能分析需求，提出了 "大数据机" 等一系列针对业务解决方案的数据管理产品，试图在高端的数据管理平台上抢占先机。

[①] http://www.sciencemag.org/site/special/data/[2018-10-06]。

第三节　国内大数据的发展现状

国内关于大数据的理论与实践研究相对较晚。在学术领域，王珊等（2011）正式提出大数据这个概念。而后覃雄派等（2012）对大数据展开了进一步的研究，对大数据平台、大数据分析的数据仓库及其构架展开了探讨。这些研究正式拉开了国内大数据研究的序幕。

2012 年 10 月，中国计算机学会创立了大数据专家委员会，之后，大数据共享联盟等一系列大数据组织建立起来，组成了我国大数据研究的领军力量，极大地推动了我国大数据的科研与发展。与此同时，国内一些以大数据为题的学术研讨会陆陆续续在各地开展，如"大数据时代，智谋未来"和"Hadoop 与大数据技术大会"，分别就大数据搜集、展示、挖掘、安全、体系构架等方面展开深入的探讨。

国内计算机科学领域一些专家学者对大数据展开了深入的探讨，如李国杰（2012）撰文指出我国在大数据研究过程中应该注意的一些问题，如大数据的高效处理，数据表示，大数据的固定模式，数据和信息的融合、因果关系及相关性，数据冗余处理，数据存储等问题。李国杰院士为我国大数据研究指出了研究的方向。王元卓等（2013）对网络空间感知与数据表示、网络大数据存储与管理体系、网络大数据挖掘和社会计算，以及网络数据平台系统与应用等方面的主要问题与研究现状进行了分析，并对大数据科学数据计算需要的新模式与新范式、新型的 IT 基础架构和数据的安全与隐私方面的发展趋势进行了展望。中国科学院李未院士及其团队对非结构化数据的管理进行了深入的研究，提出包含基本属性刻面、底层特征刻面、语义特征刻面、原始数据刻面等四个刻面支撑的四面体模型（李未和郎波，2010）。朱东华等（2013）针对大数据环境对技术创新管理工作带来的机遇与影响，提出了一种面向技术创新管理的双向决策模型，整合传统"目标驱动决策"与大数据环境下"数据驱动决策"的理念及方法，构建了"评估与预测"和"监测与预警"的技术创新管理模型。孟小峰和慈祥（2013）对大数据的基本概念进行剖析，并提出了大数据处理的基本逻辑框架，然后对云计算与大数据数据管理进行了比较分析，分析总结了当前 IT 系统面临的机遇和挑战。冯芷艳等（2013）从商务管理出发，提出了大数据背景下价值创造社会化、企业运作网络化、市场洞察实时化三个重要研究视角，并阐述了大数据环境下的顾客洞察与市场营销策略、基于大数据的商业模式创新等若干重要的研究课题。

大数据技术与理念的冲击带来了科研和管理上的创新，同时引发了对大数据处理技术的深入探究。如何非和何克清（2014）分析了大数据在数据关联上的复杂性、计算复杂性、系统的复杂性、学习复杂性四个方面的主要研究问题和现状，介绍小结了产业界具有代表性的实际应用 IT 基础架构，以形成从网络大数据的感知、挖掘获取、质量评估、数据提炼处理到融合表示的综合过程图景，最后对大数据科学、数据计算需要的新模式与新范式（第四范式）等方面的发展趋势和方向进行了展望和探讨。马帅等（2012）则以大数据科学与工程为切入点，围绕大数据核心的三个关键问题，深入探讨了大数据分析与管理方面的若干关键技术。

大数据时代的到来，不仅悄然改变着企业 IT 基础架构，而且促使用户对数据与商业价值之间的关系进行再思考。在当今的大数据时代，"数据是企业第四资源"已经成为企业共识。要发挥大数据的价值，企业必须对业务数据进行灵活和智能化的管理和应用。数据驱动决策意味着企业的决策要从数据中来，对于数据的有效管理和充分利用，不仅关系到企业业务是否能够平稳增长，而且也关系到企业能否获得竞争优势，甚至决定着企业的生死存亡。因此，无论是国外还是国内，从个人到国家都非常重视大数据带来的冲击，甚至将大数据研究上升到国家战略层面。同时，大数据处理和分析技术也在不断的深入与完善之中。

第四节　大数据与产业竞争态势分析

大数据的一个重要的价值是能从数据里获得洞见，用于预测未来的发展趋势。目前，国外已有一些学者和研究机构致力于将大数据技术应用到股市走势、房屋价格、大选结果、流行病暴发及失业率预测等方面。例如，以 Ginsberg 等（2009）为代表的 Google 研究团队在 *Nature* 上发表论文，通过对搜索引擎近期的搜索记录进行分析，成功地预测了流行性感冒在不同国家和不同地区的暴发趋势；社交媒体监测平台 DataSift 通过分析社交网络推特上用户的情感倾向，判断 Facebook 用户的行为趋势，进而成功地预测了 Facebook 的股价波动，从验证过程来看，预测的结果与股票的行情，时延不超过 20 分钟；John Brownstein 领导的科研团队所研发的 HealthMap 通过不间断地扫描博客、推特、官方监控数据、新闻网站和简易信息聚合（really simple syndication，RSS）链接及用户上传的信息，监视和预测季节性流感趋势及 H1N1 病毒在美国的传播情况。

面对大数据的冲击，国内竞争情报学者积极做出响应。2012 年 6 月，在昆明召开的"科技情报应用服务年会暨 2012 大数据时代科技信息资源创新服务研讨会"上，沈固朝（2012）分析了迎接大数据挑战的竞争情报应对工作，指出大数据时代，除了硬件准备之外，处理和分析软件更为重要；吴金红等（2013）

详细分析了大数据时代企业竞争情报面临的挑战，包括情报存储问题、情报分析问题、情报安全问题及人才紧缺问题，并从情报意识、情报组织团队、竞争情报系统，以及情报安全制度等几个方面探讨了大数据时代企业竞争情报工作的重点应对策略；武汉大学张玉峰教授及其科研团队长期致力于将数据挖掘技术应用到动态竞争情报的采集过程中，并发表了一系列论文，从 Web 结构挖掘、Deep Web 挖掘、用户评论挖掘、联机分析挖掘等角度探讨了动态竞争情报的语义分析和挖掘（张玉峰等，2007；张玉峰和朱莹，2006）。黄晓斌和钟辉新（2012）分析了大数据对企业竞争情报研究的影响，包括企业竞争力的提升需要大数据的支持，现有企业竞争情报数据处理面临的一些新问题，企业竞争情报分析方法亟待创新，提出在大数据时代企业竞争情报研究的发展方向，应重视数据和信息的集成，注意对数据的清洗与过滤，关注新的数据类型的挖掘分析方法，促进数据分析的可视化，探索大数据新的分析技术和工具的应用等；李广建和杨林（2012）在现有研究和实践基础上，总结了在此背景下情报研究的发展趋势和相关技术问题，将发展趋势概括为单一领域情报研究转向全领域情报研究、综合利用多种数据源、注重新型信息资源的分析、强调情报研究的严谨性和情报研究的智能化五个方面，并探讨了可视化分析、数据挖掘、语义处理三方面的技术问题。

综上所述，传统的竞争态势分析方法在时效性、预见性方面存在一定的缺陷；大数据给产业竞争态势研究带来了巨大的冲击，"数据驱动"成为信息利用的主要模式；大数据技术强在实时分析和预见能力，相关研究虽然还有待深入和细化，但已经开始起步。大数据带来了一场人类思维与决策模式的变革，"目标驱动"向"数据驱动"转变，一切让数据说话，一切以数据为依据。这场变革也给竞争情报带来了重要的机遇，激烈的竞争使得决策者随时关注竞争态势的发展，需要从业务数据、网络数据等内外部数据中近乎实时地提炼出有价值的竞争情报，以便实时洞察不断变化的竞争形势，做出最有效的决策。

与此同时，大数据的 4V 特性，也给大数据环境下的竞争情报研究带来了巨大的机遇。

（1）全方位无死角的竞争情报分析。多源的数据给产业竞争态势分析提供了足够的观察数据样本，近乎全样本的情报数据源可以帮助企业从不同视角进行全方位的产业竞争态势分析。全样本的情报分析也使得其结果更加逼近客观事实，据此做出的决策更具有效用。

（2）多维度智能化的深度挖掘。以 MapReduce、Hadoop、Hive、NoSQL 为代表的大数据技术体系具有足够的容错性和扩展性，用以处理复杂多样的非结构化、半结构化大数据，机器学习、卷积神经网络、深度学习等一大批智能挖掘算法，则为企业提供了足够的预见能力和洞察能力。

（3）近乎实时的动态监测。分布式计算、流计算、内存计算等大数据计算模式使得产业竞争态势的动态监测和预警具有近乎实时的时效性。

第五节　产业竞争态势预警的价值分析

随着经济网络化、全球化的发展，企业之间的竞争呈现出显著的动态性，产业内的竞争态势变化更为频繁。在此背景下，结合经济全球化和网络化背景，融合竞争优势、产业竞争情报和动态竞争等理论，以及应用大数据挖掘等工具，对大数据环境下的产业竞争态势分析理论、思路和方法展开探索性研究，对于提高企业在动态竞争环境下的适应和响应能力，具有较强的理论研究意义和现实意义，研究成果有利于丰富产业竞争情报理论，可用于指导大数据环境下企业参与动态竞争的实践。

（1）理论价值。从文献调查的结果来看，目前产业竞争态势分析最常用有两种流派：战略综合分析流派和专利分析的技术流派。前者不可避免地具有较强的主观性，后者则具有片面性、滞后性等缺点，并且后者采取的是对历史数据进行浅层挖掘的方法，结果反映的是以前或当时的竞争状态，而不能对今后的态势进行预测。大数据的4V特性给产业竞争态势分析提供了全样本的数据集，分布式计算、流计算、内存计算等大数据计算模式则为产业竞争态势分析提供实时的预见能力。然而，从目前国外的研究成果来看，尽管有大量用大数据来进行预测的研究，但将大数据技术切实融入产业竞争态势分析或产业竞争情报研究的却很少见；国内对于大数据环境下的竞争情报研究方兴未艾，正在探索将大数据理论与技术应用到竞争情报工作中的途径。本书的研究适应了大数据时代的要求，探索大数据环境下的产业竞争情报理论与发展。试图构建的产业竞争情报大数据分析理论框架和方法体系，是对产业竞争情报理论与方法的有益补充。预期的成果具有较高的理论价值。

（2）应用价值。2017年12月，习近平在中共中央政治局第二次集体学习时指出，"要充分利用大数据平台，综合分析风险因素，提高对风险因素的感知、预测、防范能力"[①]。大数据成为新一轮经济发展的动力，各国纷纷制定了大数据的发展战略。如2012年美国政府发布《大数据研究和发展倡议》，世界各国也陆续制定了大数据发展战略。我国在"十三五"规划中指出"把大数据作为基础性战略资源，全面实施促进大数据发展行动，加快推动数据资源共享开放和开发应用，

---

① 《习近平：实施国家大数据战略加快建设数字中国》，http://news.xinhuanet.com/politics/2017-12/09/c_11220
84706.htm[2017-12-10]。

助力产业转型升级和社会治理创新"①。基于大数据的产业竞争态势分析,能够全方位地实现对产业本身及其竞争对手的实时监测,快速分析产业自身发展态势,及时识别来自竞争对手的威胁,通过提供产业政策环境、竞争对手、技术创新等方面的深度分析报告,预测产业发展趋势和产业竞争态势的未来变化,对各行业领域提高竞争态势的感知能力有较强的社会和经济价值。

第六节　本章小结

产业竞争态势分析是产业竞争情报的一个重要分支,目前国内外对产业竞争情报尤其是产业竞争态势分析提出了若干分析方法,包括战略分析法、数学模型法、社会网络分析法、专利分析法、生态位分析法。这些产业竞争情报分析方法仍存在一些共性的问题,主要表现为主观性、时滞性、缺少预见性。

---

① 《"十三五"规划纲要:实施国家大数据战略》,https://news.cnstock.com/news,bwkx-201603-3739168.htm [2017-12-10]。

第三章 产业竞争态势动态监测的系统构架

根据大数据的体系构架，结合产业竞争态势动态监测的需要，本章构建了基于大数据的产业竞争情报系统的五层体系构架，并运用 Mega 模型将各个模块进行结构化，方便模型的重用。

第一节 产业竞争态势预警的大数据平台构架

目前，不少学者和著名 IT 企业纷纷提出了自己的大数据平台构架，如 IBM、微软，以及国内的百度、腾讯、阿里巴巴、京东等。各个企业应根据自己的实际情况去选择自己的技术路径，但从数据的流向来看，可以将大数据竞争情报系统自下而上分成如下几个层次：数据采集层、数据存储层、数据处理层、情报分析层及情报服务层。这些层次之间的关系如图 3-1 所示。

一、数据采集层

数据在不同核心领域迅速渗透，成为组织重要的生产资源，给组织活动带来了巨大的变化，同时开启了大规模生产、分享和应用数据的时代。然而，正如约翰·奈斯比特在《大趋势》中所描述的那样，"我们被信息包围，却渴求知识"，大数据蕴含着大价值，但却没有被人获得。据调查，有价值的知识未被使用的比例高达 99.4%，很大程度上是由于数据无法获取采集。因此在大数据时代背景下，如何从大数据中采集出有用的数据已经是大数据发展的关键因素之一。

数据采集层的职能是从不同的数据源实时地或周期性地采集不同类型的数据。按照数据来源可以分为设备数据收集和 Web 数据爬取（网络采集）两类；按照数据采集的时效性可以将数据采集的模式分为实时采集、离线采集（时效性往往用来描述设备数据收集）。

（1）实时采集。在生产、生活的应用中，有一些场景必须要求数据采集具有非常高的时效性，如在茫茫的车流中，如何发现可疑车辆、套牌车，并且不会影响正常业务系统的运行。大数据实时采集是根据用户提出的需求，急速从不同的

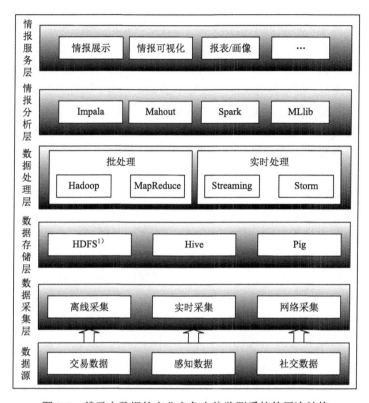

图 3-1　基于大数据的产业竞争态势监测系统的层次结构

1）HDFS，Hadoop distributed file system，是基于 Java 的分布式文件系统

数据源获得符合条件数据的过程。目前大数据实时采集技术有 Flume + Kafka、Spark Streaming、OGG/DSG[①]、Storm、Flink 等。

（2）离线采集。离线采集模式是一种常见的数据采集模式，就是对数据进行提取、转换、加载，将分散在不同业务部门中的数据抽取到某一主题数据库或数据仓库中。在数据仓库中，数据采集的典型技术就是 ETL，包括数据的提取（extract）、转换（transform）和加载（load）。目前离线数据采集的主流方案是采用 Hadoop 及其衍生系统。

（3）网络采集。随着互联网的飞速发展，尤其是物联网、工业 4.0、视频直播等领域的发展，非结构化数据呈现爆炸式增长。这些非结构化数据包含文本、图像、声音、影视、超媒体等典型信息，是网络采集的主要对象。非结构化数据占据所有各种数据的 80%。非结构化数据没有限定结构形式、表示灵活，除了数据本身之外，数据之间的结构也蕴含了丰富的信息，具有很高的决策价值。然而，

---

① OGG，Oracle GoldenGate，甲骨文公司的一种基于日志的结构化数据复制软件；DSG，data service guardian，甲骨文公司的基于日志抽取实现的备份工具。

也正是因为非结构化数据的灵活性和其价值的稀疏性，网络采集具有较高的难度和要求。除了一般的检索和数据库查询技术之外，网络采集要借助人工智能、机器学习、语义分析、图像识别来提高数据采集的性能。涉及的技术包括：①Web页面信息内容提取；②结构化处理（含文本的词汇切分、词性分析、歧义处理等）；③语义处理（含实体提取、词汇相关度分析、句子相关度分析、篇章相关度分析、句法分析等）；④文本建模（含向量空间模型、主题模型等）；⑤隐私保护（含社交网络的连接型数据处理、位置轨迹型数据处理等）[①]。

二、数据存储层

数据的海量化和快增长特征，以及数据格式的多样化对大数据存储提出了挑战。大数据的来源广泛，其中非结构化的数据占到总体数据的75%以上，因此，采用传统的关系数据库或数据仓库难以应对多样化的数据存储需求。总体来说，大数据的数据存储层采取的数据存储模式取决于以下几个方面的考虑。

（1）根据数据源的类型来确定。前文对大数据的来源进行了分析，总体上分为三种来源，数据类型为结构化、半结构化和非结构化。那么在选择数据存储模式的时候，要根据数据采集的来源确定。例如，对于来自各部门的管理信息系统（management information system，MIS）数据，由于其具有良好的预定义结构，采用关系数据库或者 Hive 离线数据仓库存储即可；而对于非结构化的数据，如音频、视频，显然不能采用关系数据库存储，适宜采用图形数据库或面向对象的数据库或者文档存储模式。

（2）根据数据采集方式确定。从时间性上看，大数据采集分为实时采集和离线采集。在离线采集方式下，数据经过提取、转换、加载等过程，将在不同业务部门中的数据抽取到某一主题数据库或数据仓库中，采取的存储模式一般是结构化的关系数据库。而如果采用实时采集，特别是流计算方式，由于其对时效性要求比较苛刻，则采用 Pig 等内存数据库存储，方便实时处理。

（3）根据采集的数据格式和规模确定。大数据的格式多样，其中非结构化数据占到总量的75%以上，图形图像、声音、视频等数据的比例也在不断扩大。有必要根据采集得到的数据来确定存储的技术。如果是从企业信息系统获得的数据，那么可以采用关系数据库来存储；如果是文档型的数据，那么可以考虑采用MongoDB 等文档数据库来存储；如果是非结构化数据，可以采用键值存储等NoSQL 存储方式；如果数据规模比较大，则采用 HDFS 来存储和管理数据比较高效化；如果是存储事物及事物之间的相关关系之类的图形数据，传统的关系数

---

① https://blog.csdn.net/weixin_45761327/article/details/104591878[2022-08-11]。

据库技术已经无法很好地满足超大量图形数据的存储、查询等需求，那么采用 Google Pregel、Neo4j、Infinite Graph 等图形数据库比较合适。

（4）根据大数据应用的场景确定。如果需要从历史数据中进行深度挖掘，那么采用关系数据库特别是数据仓库比较合适。如果需要快速地对大数据进行分析处理，则采用内存数据库或者 NoSQL 存储则更为高效。如果要从上百万或上千万个节点中提取出节点之间的关系，那么采用图形数据库比较符合要求。

三、数据处理层

根据数据处理场景要求不同，可以划分为 MapReduce 分布式计算、分布式流计算系统、分布式内存计算系统等。

（一）MapReduce 分布式计算

MapReduce 是一个构建在 Hadoop 基础上的分布式批处理计算框架，适用于对 TB 级别数据集进行并行分析和处理。MapReduce 具有很强的集成能力，能够处理包括结构化、半结构化和非结构化数据等各种类型的数据，非常适合大数据处理。

MapReduce 采用"分而治之"的策略，将分析任务分为大量的并行 Map 任务和 Reduce 汇总任务两类。在 Map 阶段，将复杂的任务分解成若干个比较简单的任务，并把这些 Map 任务部署到分布式集群中的不同计算节点上并行计算。在 Reduce 阶段，对 Map 阶段各个简单任务的执行结果进行排序和汇总，得到计算结果。运行过程如图 3-2 所示。

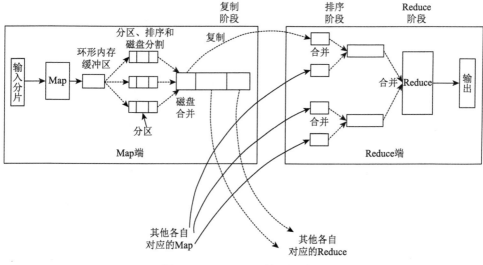

图 3-2　MapReduce 的运行过程

MapReduce 非常适合处理离线数据，首先，它具有很强的容错能力，能处理多媒体数据、图像数据、文本数据、实时数据、传感器数据等不同类型的数据，并且能够容纳新的数据格式；其次，MapRedcue 采取的分布式计算框架，使得它能够以较低的成本来存储和处理海量的数据；最后，MapReduce 具有很强的计算弹性，无论是传统的数据挖掘算法、机器学习算法，还是不断涌现的新算法，都能够在此基础上运行。目前 MapReduce 已经在各个行业得到了广泛的应用，是最成熟和最流行的大数据处理技术。

（二）分布式流计算系统

MapReduce 计算虽然容错性好、处理能力强，在海量数据上得到了广泛的应用，但是其时效性较差，不适合对时效性比较敏感的应用。此外，很多数据涉及用户的隐私，无法存储到存储器中进行离线分析。这些场景下，分布式流计算获得了越来越多的关注。

目前分布式流计算有三种常见的框架：Storm、Spark 和 Samza。这三种流计算系统都是免费的开源系统。从性能上看，都具有低延迟、可扩展和容错性高等优点，适合进行实时的分布式计算。从运行过程来看，首先将任务进行分解，然后把分解后的任务分配给位于不同位置的具有较强容错能力的计算主机，最后对各台主机计算的结果进行汇总，生成最终结果。另外，这三种系统为了简化底层实现的复杂程度，都提供了简单易用的应用程序接口（application programming interface，API），方便用户使用和连接①。

（三）分布式内存计算系统

内存计算指将数据事先存储于内存而不是存储在硬盘中，并且在计算过程中各步骤的中间结果也不写入硬盘的计算方式。由于减少了硬盘读写的时间和内存存取速度较快的原因，内存计算通常速度都非常快，甚至达到近乎实时的程度，非常适合对于时效性要求很高、并发较大的任务，如股票行情分析、智能交通。在信息技术越来越发达，以及对数据时效性要求越来越高的大数据时代，分布式内存计算技术成为大数据领域所必需的重要关键技术之一。

目前，很多 IT 巨头都在自己的商业产品中推出了内存计算技术，如甲骨文公司的 Big Data Appliance、思爱普（SAP）的 HANA。另外，阿帕奇（Apache）公司开发的计算引擎 Spark 在内存计算方面较为成熟，成为当今大数据领域最热门的分布式内存计算系统。Spark 从 HDFS 中读数据，但是运算中数据存放在内存

---

① 《大数据流式计算三种框架：Storm，Spark 和 Samza》，https://yq.aliyun.com/articles/38298[2022-01-20]。

中，不使用 Hadoop，而是新实现了分布式的处理，有效地降低了数据分析的延迟时间。与 MapReduce 等离线批处理模型相比较，Spark 的内存计算可以实现数据分析一到两个数量级的效率提升。

四、情报分析层

大数据带来的成功样例，使得人们迫切希望从累积的大数据中挖掘出具有价值的信息、知识和情报，为企业的决策和业务提供服务，进而提升企业的核心竞争力。各大 IT 巨头也纷纷推出自己的数据分析产品，除了传统的数据挖掘、数据分析方法之外，不少基于大数据的分析也不断涌现。总体上看，大数据分析呈现出两种趋势：一是以机器学习为核心，试图在普通机器组成的大规模集群上实现大数据价值的挖掘；二是分析过程呈现出分布式，以解决由分析数据规模迅速扩大带来的分析模型参数激增。

一方面，很多大数据平台的数据分析层都集成了大量的数据分析工具，如 SQL 的声明式编程语言和 Pig 的过程化编程语言；另一方面，开源系统中可以集成大量现成的库，可支持常见的数据挖掘和机器学习算法，如 Spark 计算框架中的 MLlib 集成了大量机器学习算法，Mahout 为 MapReduce 计算框架提供了功能强大的数据挖掘工具箱。

五、情报服务层

情报服务层提供了丰富的接口，方便用户查询、数据展示和数据理解。在众多的应用中，考虑到用户的特性，可视化是大数据的情报服务层的关键。对于决策者而言，其重点不在技术，而在决策本身，因此探索和理解复杂数据具有一定的难度。借助数据可视化，通过交互式的视觉表现方式和互动方法，系统可以较大程度地降低简化和提炼数据流的难度，帮助用户交互筛选数据、理解数据，数据可视化成为决策者了解复杂数据、降低数据理解难度、开展深入分析不可或缺的现代化信息技术手段。

在科学大规模数据的并行可视化工作中，主要涉及数据流线化、管道并行化、任务并行化和数据并行化 4 种基本技术[①]。目前在市面上出现了不少开源的可视化工具，如 Jupyter、Tableau、Google Chart、D3.js，微软公司的 Azure 机器学习以数据流线化的方式将大数据分析任务的执行过程进行可视化，取得了比较好的效果。阿里巴巴旗下的"御膳房"也采用了类似的方式，以互动的方式提供大数据可视化服务。

---

① 《为什么选择这样的大数据平台架构？》，https://www.sohu.com/a/306778283_218639[2019-04-09]。

第二节　Mega 模型表示法

产业竞争态势的分析与监测是产业竞争情报系统的一个重要应用，其工作流程与传统的竞争情报没有本质上的差别，仍然遵循着情报采集—情报处理—情报分析—情报服务的基本流程。然而，大数据的复杂性，使得在产业竞争态势的分析与监测过程中，不可避免地要引入一些新的技术，如数据挖掘、机器学习、深度学习、神经网络等，采用新的方法来处理复杂多样的数据，形成各式各样的数据处理/分析模型。为了方便理解各种数据处理/分析模型，本章引入一种结构化的模型描述方法——Mega 模型，以此将各个处理过程进行规范化和标准化。

Mega 模型是一种对模型的描述，它将模型的处理过程结构化，以便模型的重复使用。Mega 模型最早由 Wiederhold 等（1992）提出，但并没有非常清晰地定义 Mega 的含义，只强调了 Mega 模型的独立性和同质性。Bezivin 等（2004）对 Mega 模型做了进一步的研究，提出 Mega 模型是由一些模型元素构成，是对模型的描述与说明。这个定义概括了 Mega 模型的基本特征，对 Mega 范式的构成与结构等元素进行了界定。之后，一些学者对 Mega 做了更为广泛的探讨和补充。例如，Favre 和 Nguyen（2004）研究了 Mega 模型的概念框架，并认为 Mega 模型有助于将大规模系统的模型进行结构化，Vogel 等（2010）对 Mega 模型做了补充，认为虽然 Meag 模型有助于模型的结构化和标准化，但其只是一种静态的结构，没有考虑到时间的因素，因此，建议在 Mega 模型中引入时间要素。从已有对 Mega 模型的研究可以看出，Mega 模型是对具体模型的抽象化，摒弃具体模型组织结构和属性的差异，从更高层面寻求对系统目标的理解（吴金红等，2015a）。

Mega 模型是在传统的 IPO 模型的基础之上发展起来的。IPO 指 input、process 和 output，即数据输入、数据处理和结果输出。IPO 模型从宏观上定义了信息系统的基本运行过程，但是太过宏观，使得定义的模型具有"黑箱子"的特性，无法被后来者重用。比如，数据输入是指进入系统的数据，但是输入什么数据、为什么要输入数据、输入数据有何要求等一系列问题都没有做详细的说明。另外还有其他一些因素，也会影响数据处理的过程和结果。在输出端，传统的 IPO 只说明要有输出，但是对输出的结果并没有进行有效的评估。而一方面，输出结果的质量决定了该结果是否有价值，在竞争情报领域，它会直接影响企业决策的效用，甚至会造成恶劣的影响；另一方面，输出结果也会反映出数据输入的质量、数据处理过程的适用性。在处理端，IPO 模型没有明确采用什么方法来进行数据处理，其过程是怎么样的。这给模型的重用带来了很大的困扰。

Mega 模型对传统的 IPO 模型进行了改造，它在输入端加入了对数据输入的说明和约束，在输出端明确了数据输出的内容、格式及流向，在处理端明确了数据处理的方法或算法。在一定程度上，大大提高了处理模型的可重用性。但具体到竞争情报系统而言，竞争情报分析对质量更加敏感。正如信息系统理论的 GIGO[①]，如果竞争情报的数据源质量没有得到有效的控制，输出的结果——竞争情报就很难保证其可靠性和有效性。另外，竞争情报分析具有很强的目标导向性，即有一定的目标任务指引，要与企业的战略决策和运营背景相匹配。而传统的 Mega 模型是从数据处理层面对模型进行描述，缺少从更高层面——业务需求层面来引导整个数据处理过程。基于此，我们对传统的 Mega 模型进行了改进，分别在输入端加入业务需求，在输出端加入结果评估，以增加对输入输出内容的控制。基本结构如图 3-3 所示。

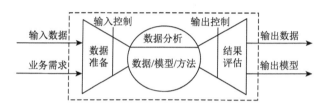

图 3-3 Mega 模型的基本结构

采用一个五元组对改进的 Mega 模型的各组成元素进行详细的定义和描述，目的是对 Mega 图中的各个元素做出详细的说明，便于系统开发者和使用者对系统深入理解（吴金红等，2015a）。根据上文描述的模型结构，该五元组由以下几个部分组成。

$$M = P(I, E_i, F, E_o, O)$$

其中，P 表示过程名称；I 表示数据输入项；E_i 表示输入控制项；F 表示数据处理方法；E_o 表示输出控制项；O 表示数据输出项。

（1）数据输入项 I：包括数据和数据约束，其中数据约束定义了输入数据的质量约束条件，是设计数据检验功能的依据。与输入控制项相关联。

（2）输入控制项 E_i：是控制输入数据质量的约束条件，是数据准备阶段对数据进行选择、清洗和语义处理的依据。

（3）数据处理方法 F：包括数据处理过程中涉及和使用到的大数据技术，在描述的时候，需要说明大数据技术的功能、体系结构和适用范围。

（4）输出控制项 E_o：是控制数据输出质量的衡量标准，是质量评估、相关性排序、内容控制的依据。

（5）数据输出项 O：最终输出结果，包括数据、知识、模式。

---

① GIGO，即 garbage-in-garbage-out，垃圾进垃圾出。

第三节　产业竞争态势预警系统的构架及其模块构成

大数据分析的过程一般可分为数据采集、数据存储、数据分析、数据应用等几个过程，经历着从数据到知识的价值变迁过程。竞争情报也遵从着从数据到信息到知识到情报的一系列价值增值过程，两者具有很大的相似性。因此，国内许多学者将大数据的竞争情报系统划分为与大数据分析过程相对应的几个模块。例如，黄晓斌和钟辉新（2013）从大数据产生原因和特征出发，认为基于大数据的企业竞争情报系统的功能由核心层、支撑层和表现层组成，提出基于大数据的企业竞争情报系统模型，即由情报数据采集子系统、情报数据策管子系统、情报数据分析子系统、情报数据服务子系统及协调控制子系统五部分组成。李健和史浩（2014）分析了大数据时代闭环供应链竞争情报的特点及再制造闭环供应链的发展与面临的挑战，构建了大数据背景下的再制造闭环供应链竞争情报系统，将大数据时代闭环供应链竞争情报系统划分为收集、储存、分析、服务、反竞争情报等五个模块。

从对已有大数据竞争情报系统模块的调查情况来看，人们对大数据环境下的竞争情报系统的工作流程及模块构成的意见基本一致，普遍认为其与传统的竞争情报系统模块设置没有很大的差别，仍然由情报采集、情报存储、情报分析与情报服务等四个模块组成。不同的是大数据竞争情报系统更强调的是对系统本身的管控，如上述两个研究成果中，不管是协调控制子系统还是反竞争情报子系统，实际上其作用都是对企业情报及情报系统的管控（吴金红等，2015a）。

产业竞争态势动态监测系统是企业竞争情报系统的一种特定应用，因此，我们将大数据产业竞争态势动态监测系统划分为两大部分：运行模块和控制模块。考虑到其与其他大数据系统的集成及价值增值的实际过程，我们将运行模块划分为数据采集、数据存储、情报分析和情报服务等四个子模块，完成从蕴含价值的原始信息到体现价值的竞争情报的萃取过程；控制模块的主要功能是协调控制和实时监视竞争情报系统的运行状态，实现对竞争情报系统的动态调配（吴金红等，2015a）。

为清晰、直观地介绍每个模块，我们采用 Mega 模型来表示每个模块。采用 Mega 模型描述的大数据产业竞争态势动态监测系统体系结构如图 3-4 所示。

一、数据采集模块

（1）数据输入项 I：包括输入数据和情报目标。输入数据这里是指情报系统选定的数据来源，从来源上可以分为企业内部数据和外部数据，从内容上可以分为交易数据、社交数据和感知数据[①]。情报目标，是指情报业务需求，竞争情报分析

[①]《Hortonworks：驱动大数据市场的七大关键动力》，http://www.199it.com/archives/44573.html[2012-07-12]。

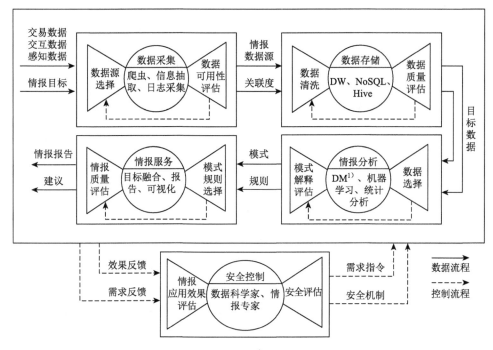

图 3-4　大数据产业竞争态势动态监测系统的模块构成

1）DM 即 data mining，数据挖掘

常常具有明确的任务导向。例如，要分析核心技术的竞争态势，那么所选定的情报数据源则要定位在产业的专利数据、技术简报数据库中，保证数据与情报分析任务的关联性。

（2）输入控制项 E_i：这里是指对数据源的选择指标或评判指标。不同的情报业务需求，在数据粒度、数据类型、数据规模等方面对数据源的要求都不一样，对数据源的类别、等级和质量都有特定的要求。因此，在选择数据源时，要对数据源的可靠性、可获得性、接近性和适当性进行综合的衡量（马丽娜，2009）。

（3）数据处理方法 F：这里指大数据采集的方法，就是对数据进行数据抽取、转换、加载等一系列操作，从源数据中获取业务需求相关的数据，以便进一步分析处理。不同数据来源的数据可以采用不同的大数据采集方法。例如，发布在企业网站上的竞争对手基本信息，可以采取网络爬虫的方式来采集；而社交网络数据可以采用网络链接结构挖掘的方法，或者利用专用的工具如 Chukwa、Flume、Scribe，采用 Hadoop 或 Spark 构架，离线或在线采集；而交易数据，可以使用传统的数据迁移来获得数据，也可以开发特定的数据接口，利用数据交换的方法来获得数据。

（4）输出控制项 E_o：这里是指数据可用性评估，是对采集的数据进行分析，判断采集的结果是否可靠、可用（吴金红等，2015a）。常用的评估模型有对照表（checklist）方法（Meola，2004）、认知权威性（cognitive authority）模型（Fritch and Cromwell，2001）、迭代模型（iterative model）（Wathen and Burkell，2002）、可信性认证计划（credibility seal programs）（Fritch，2003）及本体-实体模型（赵洁，2010）。

（5）数据输出项 O：业务相关数据，并按照评价模型对数据进行相关排序。

二、数据存储模块

（1）数据输入项 I：从数据采集模块中获得的数据。

（2）输入控制项 E_i：虽然在上一个控制环节里对采集的数据进行了可信度、可靠度评估，但数据中仍可能会存在数据缺失、冗余或者不一致，需要进一步处理以后才能存储起来。

（3）数据处理方法 F：是指大数据的存储方法，主要有三种——基于大规模并行处理（massively parallel processing，MPP）构架的新型数据库集群、基于 Hadoop 的 HDFS 分布式文件系统和大数据一体机。MPP 能够有效支持数据规模巨大的结构化数据，适用于企业业务数据的存储与管理；HDFS 适用于存储非结构化数据，如互联网数据、文件数据；大数据一体机是一种集成存储功能的服务器，它是将大数据存储、处理、展示集成起来的大数据系统，具有一定的数据存储功能。

（4）输出控制项 E_o：数据质量评估指标。数据质量直接影响着竞争情报质量，也是后续情报分析模块能否顺利运行的前提。数据质量评估标准体系有很多种，国际标准化组织（International Organization for Standardization，ISO）制定了一系列标准用来保证质量。总的来说，数据质量的评估标准主要涉及四个方面：一致性、准确性、技术性、完整性。

（5）数据输出项 O：清洁的数据。

三、情报分析模块

（1）数据输入项 I：包括数据存储模块处理过后的清洁数据和业务需求。从源数据到目标数据的过程称为数据选择，是确定哪些数据要包含在情报分析的数据集内的过程。

（2）输入控制项 E_i：数据需求量、数据属性集。在数据挖掘和数据分析过程中，有时候不是必须要全部数据参与运算，而是选择其中一部分数据；同时，在选择的数据集里，也不是所有的属性在数据挖掘中都有意义，需要根据数据挖掘的目标，从中选择一部分属性。

（3）数据处理方法 F：大数据环境下，数据复杂度剧增，这对情报分析方法提出了新的要求，如敏锐的洞察能力、智能的分析能力、准确的预测能力、强大的融合能力。情报分析方法既包括一般的情报分析法，也包括统计学方法、机器学习方法、数据挖掘方法、知识发现方法等，具体如文本挖掘法、关联挖掘法、图挖掘法、卷积神经网络、贝叶斯网络、决策树、支持向量机等。

（4）输出控制项 E_o：即模型解释评估。数据挖掘是从数据中发现有趣的、有价值的知识的过程。要求发现的知识能够被人理解或者能够用于业务需求，评价结果通常从新颖性、有用性、可理解性、业务关联性等几个方面得出。

（5）数据输出项 O：有趣、有用、新颖的模式、规则、知识、情报。

四、情报服务模块

（1）数据输入项 I：竞争情报。

（2）输入控制项 E_i：业务需求。

（3）数据处理方法 F：竞争情报报告、可视化、情报融合。

（4）输出控制项 E_o：报告的形式、内容、结构、深度。

（5）数据输出项 O：情报报告、建议、趋势分析。

第四节　系统运行模式

复杂的产业竞争态势监测任务，要求不同模块组合起来解决一个复杂的问题。而同一个问题可能需要同一模块反复运行，以便得到合适的解。因此，模块之间存在着不同的组合方式，这些组合方式构成了系统的运行模式。总的来说，大数据环境下产业竞争态势监测系统有三种运行模式：普通模式、MapReduce 模式和众包模式。

一、普通模式

模型是决策支持最常用的手段，对于简单的问题，单个模型就可以解决。而对于复杂的问题，单个模型可能只能解决其中一个方面的小问题，需要多个模型组合起来，才能提高决策支持系统的问题解决能力。模型的组合方式与计算机程序设计中程序的执行模式类似，最基本的模式是顺序模式、选择模式和循环模式（陈文伟，2010）。在 Mega 模型中，最基本的组合方式可以分为两种：串行模式，将两个模型直接连接起来，一个 Mega 模型的输出作为另一个 Mega 模型的输入；并行模式，两个或多个模型同时运行，并且其输出结果为同一个后续模型的输入（吴金红等，2015a）。在此并行模型的基础上，可以根据反馈情况形成循环模式，输出的反馈作为下一轮循环的输入，直到结果满意或过程终止为止。Mega 模型的串行模式和并行模式见图 3-5。

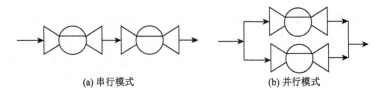

(a) 串行模式　　　　　　　　　　(b) 并行模式

图 3-5　Mega 模型的串行模式和并行模式

（1）串行模式。这种串行的组合方式也适用于模型内部分解出的子模型。通常将分析阶段划分为若干个子过程，分别用不同的子模型来表示，这些子模型采用串行模式组合起来，就构成了一个"分析—评估—准备—分析"的内部链，结果在其父层的评估阶段输出。

（2）并行模式。如果并行模式发生在子模型的分析阶段，那么子模型将利用父层输入数据作为数据准备阶段的输入，不同子模型的结果输出到下个子模型。

一般情况下，产业竞争态势监测系统的各个子模型按照数据采集、数据存储、情报分析与情报服务的串行执行，组成一个顺序序列的产业竞争情报生命周期。即运行模块采用串行模式。安全控制模块与情报价值增值过程并行运行，随时接收系统的反馈信息，监控系统的运行状态，并负责调控运行模块的运行过程。普通模式是在正常情况下使用的常见模式，一般在竞争情报分析任务不是很复杂的情况使用。

二、MapReduce 模式

MapReduce 模式在数据准备阶段将数据划分为若干个碎片，然后将数据碎片分配给若干个分布式的子模型进行处理，最后在父节点结果输出阶段合成一个结果输出。MapReduce 组合模式如图 3-6 所示。

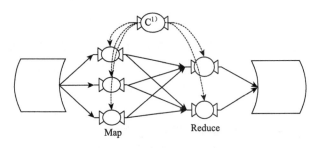

Map　　　　　　Reduce

图 3-6　MapReduce 组合模式

1）C 指控制模块

整个运行过程如下。

首先读取输入数据，并分成若干独立的数据块，然后交给不同的 Map 模型处理，Map 模型从相应的输入数据中解析出 key/value 键值对作为 map 函数输入，再执行用户自定义的 map 函数，得到中间结果写入本地硬盘。这组键值对的类型可与输入的键值对不同。

$$\text{Map:} < key1, value1 > \longrightarrow \text{list of} < key2, value2 >$$

然后，由 Reduce 模型读取存储在本地硬盘中的所有中间结果，并且对 key 值进行排序，将具有相同 key 的中间结果聚合在一起，形成新的 key/value 键值对，作为 Reduce 模型的输入，最后由 Reduce 模型输出最终结果。

$$\text{Reduce: list of} < key2, value2 > \longrightarrow \text{list of} < key3, value3 >$$

控制模型统一调度所有的 Map 模型，为每个 Map 模型分配任务，Map 模型的数量由用户根据输入的数据源和情报任务指定。另外，MapReduce 模式中每个 Reduce 模型计算的结果并不是最终的结果，需要进一步的集成才能得到最终的输出。

串行模式和并行模式的数据源比较单一，通常是同质的数据。然而，质量可靠的竞争情报是一个多源数据融合的过程，需要调用不同数据分析模型对不同来源、异构的数据源进行挖掘，最后进行整合。为此，根据大数据的 MapReduce 运行机理，本节构建了 Mega 模型的 MapReduce 组合模式。

对于情报任务较为复杂，超出单个系统计算能力的复杂大数据运算，需要利用分布式的计算资源来提高竞争情报系统的计算能力，可以采用 MapReduce 模式。例如，可以采取分而治之的策略，将复杂任务的数据在其准备阶段进行 Map 映射，划分父层准备阶段的数据集，并为每个 Reduce 任务选择合适的分析模型；在数据分析阶段进行 Reduce，从父层的数据子集合获得分析结果，并合成一个总的输出。与普通模式不同的是，MapReduce 模式增强了产业竞争态势分析系统的计算能力，加快了运行速度，减轻了系统运行的负担，是大数据竞争态势分析系统首选的一种运行模式。

三、众包模式

对于一些非常复杂的任务，产业竞争态势分析系统中没有相应的资源，包括人才、计算机硬件设施、配套软件等，需要借助外部力量，但又由于情报的安全性，不便于外包的竞争情报任务，可以采用众包模式，借助外部智慧来解决难题。从运行机理上看，众包模式是 MapReduce 模式在更高层次上的运用。MapReduce 模式通常发生在竞争情报系统的各个模块之内，是一种分布式计算资源共享模式。极端复杂的情况下，可以采用 MapReduce 的运行机制，将产业竞争态势分析任务划分为若干个简单的子任务，将这些子任务以某种形式分发出去，由竞争情报工作者或者其他数据科学家完成每个子任务的运算，然后进行合成得到最后的结果。与 MapReduce 模式不同的是，众包模式具有聚集智慧、降低成本等突出优点，是大数据时代竞争情报系统降低成本、完成复杂分析的一种有效运行模式（吴金红等，2014），如图 3-7 所示。

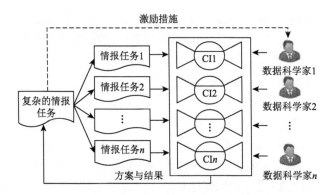

图 3-7　大数据竞争情报系统的运行模式

CI 即 competitive intelligence，竞争情报

第五节　系统控制机制

基于大数据的产业竞争态势动态监测系统，在情报分析过程中采用多重控制机制来确保企业竞争情报的质量、提高产业竞争态势动态监测系统的安全性。

1. 质量控制

从数据组织的观点来看，大数据一个重要的特点是元数据的弱化，这意味着大数据的质量参差不齐。因此，要真正让企业从大数据应用中获得利益，关键就是解决数据质量问题，规避数据错误、保障数据质量[①]。在竞争态势分析的各个模块中，Mega 模型都明确地、显式地提出了每个模块的质量控制项，包括输入控制项和输出控制项。另外，在模型的输入中，除了必要的数据之外，特别强调输入相关的模式和规则。其主要目的是为模型运行提供必要的业务及运营背景信息，使得得到的竞争情报不是建立在低价值基础数据上的运行结果，而是与业务相关联的市场洞察。

2. 过程控制

大数据竞争态势分析系统的目的是通过对数据的分析，发现竞争规则、解析

[①]《普元专家：解决数据质量问题是大数据应用的关键》，http://www.primeton.com/read.php?id=1828&his=1[2022-04-15]。

事物产生的复杂原因。用 Mega 模型进行模块表示时，在数据输入和数据输出两端都嵌入了质量保证机制：在数据准备部分对输入的数据进行筛选和预处理，确保输入的是清洁的数据；在结果评估部分对计算结果进行评价，确保输出的结果可解释、有意义。通过对输入和输出的检测，这种内嵌的质量保证机制确实有助于提高模型输出结果的质量。然而，模型是在一个动态的环境中运行的，这意味着模型会受到外部环境的影响，需要模型根据外部干扰自主地调整和优化。为此，我们引入了两种控制机制：what-if 控制机制和中断控制机制。

一是 what-if 控制机制。在数据分析过程中，由于数据的不确定性，分析的过程也具有很大的不确定性。尤其是采用数据挖掘方法进行数据探索的时候，即使使用处理得很好的清洁数据，也很难一次性地获得有价值的结果。因此，引入模型驱动的决策支持系统中经常采用的 what-if 控制机制。在决策支持系统中，what-if 分析是基于历史数据，对假设场景进行分析的重要手段，它可以为决策者提供重要的预测信息。通过 what-if 控制机制，分析各种不确定因素的变化或者变化的程度及其对自己或竞争对手带来的影响，从而确定影响竞争的关键因素，获得洞察市场的有价值的竞争情报。what-if 分析同样也可以用来预测竞争态势，因为每个行业总是按照一定的规则在运动和变化，通过 what-if 获得关键变化要素，就可以采用模拟的方法精准地预测企业面临的竞争态势。其基本过程如图 3-8（a）所示。

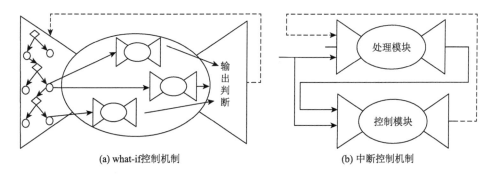

(a) what-if控制机制　　　　　　　　　(b) 中断控制机制

图 3-8　Mega 模型的控制机制

二是中断控制机制。模型的运行一般有许多前提假设，一旦前提假设不成立，模型的有效性和准确性就难以得到保证。在数据分析过程中，这些前提假设也会随环境发生变化，如一些突发事件使得原本有效的前提条件不再成立。为应对这种情形，Mega 模型引入了中断控制机制，使用控制模型监听模型的运行，一旦发现异常，则发出中断请求，使模型中止运行，待重新调整后再进行新一轮数据分析。如图 3-8（b）所示。

3. 安全控制

大数据是把双刃剑，企业不仅要学习如何挖掘数据价值，使其价值最大化，同时还要统筹安全部署，通过正当的、合法的手段加强在信息安全保障体系、信息资源共享制度、机密信息保护、信息审计等方面的制度建设，从管理上杜绝企业核心商业数据和商业秘密被泄露的漏洞（吴金红等，2013）。因此，在大数据竞争情报系统中设置一个安全控制模块，该子模型是以数据科学家和情报专家为核心构建的情报安全控制委员会，其职能主要是评估产业竞争态势分析系统的安全性、制定产业竞争情报系统的安全防护策略及安全相关的制度和应对措施。该模块贯穿于整个模型，采用中断控制模式为其他四个基本模型的运行提供保障与协调控制功能。

第六节　系统核心技术

产业竞争态势动态监测系统涉及的大数据技术体系庞大且复杂，根据前文对大数据处理框架的介绍，可以将其涉及的大数据核心技术划分为以下几个方面：大数据采集技术、大数据存储技术、大数据处理技术、大数据分析与挖掘技术[①]。具体技术如表 3-1 所示。

表 3-1　大数据的核心技术

核心技术	核心功能	典型工具
大数据采集技术	对各种来源（如射频识别数据、传感器数据、社交网络数据等）的结构化和非结构化数据进行的采集	数据同步（Sqoop）、消息采集系统（Kafka、StormMQ、ZeroMQ、RabbitMQ）、日志收集工具（Flume、Scribe、Logstash、Kibana）
大数据存储技术	大数据存储，指用存储器，以数据库的形式，存储采集到的数据的过程	分布式文件系统（HDFS、GFS[1)]）、关系型数据库（Oracle、MySQL）、NoSQL 数据库（HBase、Redis、MongoDB）、关系型数据库和非关系型数据库的融合（NewSQL）、内存数据库（MemCache）
大数据处理技术	完成对数据的计算，设计计算框架	图谱处理（Spark Graphx），流式、实时计算（Storm、Spark Streaming、S4、Heron），离线计算（MapReduce、Spark）
大数据分析与挖掘技术	对杂乱无章的数据，采用数据挖掘算法、预测性分析、语义引擎等技术和工具，进行萃取、提炼和分析的过程	数据查询、统计与分析（Hive、Impala、Pig、Presto、Phoenix、SparkSQL、Drill、Flink、Kylin、Druid）、数据预测与挖掘（Spark、Mahout、Spark MLlib）等

注：1）GFS 即 google file system，是 Google 公司为了存储海量搜索数据而设计的专用文件系统

---

① https://www.zhihu.com/question/27696290/answer/381993207[2018-05-22]。

第七节　本 章 小 结

　　本章详细介绍了基于大数据的产业竞争态势动态监测系统的基本框架，将它划分为数据采集层、数据存储层、数据处理层、情报分析层和情报服务层等五个层次结构。分析了大数据产业竞争态势监测系统工作流程及核心模块，并运用 Mega 模型将各个模块进行结构化表示。本章还探讨了系统的运行模式，包括普通模式、MapReduce 模式和众包模式。最后对系统的质量控制、过程控制、安全控制机制，以及涉及的核心大数据技术进行了系统的归纳总结。

第四章　数据采集与质量控制

第一节　产业竞争态势分析的大数据来源

大数据的来源极其广泛，包括移动互联网数据、社交网络数据、企业内部交易数据、第三方数据等。数据产生层提供了解决业务问题所需洞察的数据源，这些数据源的格式可以分为结构化、半结构化和非结构化的数据。总的来说，大数据的数据来源包括以下几类。

（1）交易数据，包括 POS 机数据、电子商务数据、信用卡刷卡数据、企业资源规划系统数据、互联网点击数据、客户关系管理系统数据、销售系统数据、公司的生产数据、订单数据、库存数据、供应链数据等（曾忠禄，2017）。这些数据源自企业的信息系统，大多数属于内部数据。由于企业信息系统是经过周密设计的、以数据库为核心的信息系统，其中的数据库往往采用关系数据库和关系模型进行存储，所以这类数据往往具有较强的结构化特征。

（2）网络数据，包括两类：Web 文本数据和网络社交数据。Web 文本数据包括网页文件、用户使用数据、网络日志数据等，主要是构建在第一代互联网基础上的数据；网络社交数据是指构建在第二代互联网基础上的各类网络应用数据，包括电子邮件、文本、图形、图片、音频、视频及通过微信、微博等网络媒体产生的社交数据流。这类数据是随着移动网络和智能终端的发展而产生的，数据内容由用户产生、确定和发布，数据格式多样化，大多数为非结构性数据，需要用文本分析、Web 结构挖掘等工具进行分析。

（3）物理系统数据，这类数据主要来自各种传感器、感应器、量表和其他智能设施的数据，如 GPS 系统数据、传感器、智能电表和连接互联网的物联网数据。其中来自物联网的数据是最为常见，并将进一步影响人类生活和工作的决策型数据。人们可以利用物联网数据来构建分析模型，连续监测人类生产生活的行为，并通过分析，提供预测性指令。这类数据在单个数据源上是结构化的，但由于传感器类型多样，导致其总体上呈现半结构化的趋势，并且随着物联网的推广和普及，这类数据必将使得数据的体量急剧膨胀。

第二节　产业竞争态势的数据采集

数据采集（data acquisition，DAQ），又称数据获取，是指从数据库和其他数据源中实时或周期性自动采集信息的过程。大数据在核心领域迅速渗透，被誉为企业的"第四资源"，蕴含着极大的商业价值。麦肯锡研究表明，在医疗、零售和工业制造业领域，大数据的应用每年可以提高劳动生产率 0.5～1 个百分点[①]。然而，很多高价值的数据没有或者无法被采集，据统计，目前未被使用的信息比例高达 99.4%，大数据的价值无法完全被挖掘出来。因此，如何从大数据中获得有价值的信息是影响产业竞争态势分析的关键因素之一。

一、产业竞争态势大数据的采集构架

大数据环境下，由于数据源具有更复杂的多样性，数据采集的形式也变得更加复杂而多样。图 4-1 展现了比较典型的大数据采集架构。

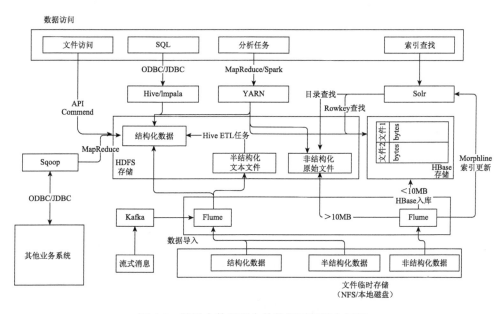

图 4-1　基于大数据平台的数据采集基本框架

与传统数据采集相比较，大数据采集要求系统能够处理更多的数据类型，既有来自关系数据库的结构化数据，也有来自社会网络的非结构化数据。同时，由于数据量的爆炸式增长及大数据内在价值的诉求，大数据系统要尽可能地采集更多更全的数据，才能更好地逼近客观事实。从采集的模式来看，一般可以采用设

---

①《集萃 2019：战略性新兴产业发展专家咨询委员会专家谈战新-之三》，https://www.sohu.com/a/383041423_776578[2020-03-25]。

备数据收集和 Web 数据爬取，对于长期跟踪的任务，可以采取增量式采集，以减少系统的吞吐量（表 4-1）。

表 4-1 传统数据采集 VS 大数据的数据采集

比较项目	传统的数据采集	大数据的数据采集
数据来源	来源较单一，数据量较小	数据来源广泛，数据量巨大
结构	结构单一，结构化数据	数据类型丰富，包括结构化、半结构化、非结构化数据
采集模式	关系数据库和并行数据仓库	分布式数据仓库

二、基于 Hadoop 的离线数据采集

离线采集模式是一种常见的数据采集模式，就是对数据进行提取、转换、加载，将分散在不同业务部门中的数据抽取到某一主题数据库或数据仓库中。在数据仓库中，数据采集的典型技术就是 ETL。例如，大数据重要来源之一的交易数据主要采用成熟的关系数据库进行存储，数据库中采用的是结构化存储模式，目前通常采用的是 MySQL 和 Oracle 等常见的关系数据库来存储企业的数据，这部分数据是大数据的重要组成部分，约占大数据总量的四分之一。对于这类数据的采集通常采用离线的 SQL 数据库查询和检索技术，将数据库中数据集成到目标数据集中。按照采取的技术体系，可以分为基于 Hadoop 或 Spark 的离线数据采集。

与传统的数据库查询不同，大数据环境下需要考虑到海量的数据查询带来的吞吐量，也就是说要考虑到系统的处理能力和数据查询的效率。Hadoop 是一项离线批量大数据处理的技术，采用 MapReduce 分布式计算框架 + HDFS 分布式文件系统（GFS）+ HBase 数据存储系统（BigTable），具有高可靠性、高扩展性、高效性、高容错性、低成本等优点，非常适合在离线环境下进行数据采集。图 4-2 是基于 Hadoop 的离线大数据采集的基本框架。

其中 Hive 是基于 Hadoop 的数据仓库工具，能够对存储在 HDFS 上的文件进行读、写、查及分析。Hive 提供了 HiveQL 查询语言，该语言与传统的 SQL 语言类似，具有强大的数据仓库管理功能。在查询过程中，Hive 采用的是 Hadoop MapReduce 作业执行模型，通过 HiveQL 语句完成 MapReduce 统计，然后转换成 MapReduce 任务进行执行[1]。图 4-3 为 Hive 的工作原理示意图。

---

[1] http://www.cnblogs.com/shaosks/p/9454628.html[2021-12-15]。

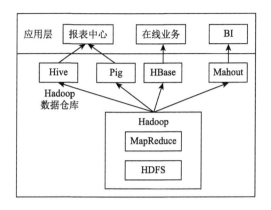

图 4-2　基于 Hadoop 的离线大数据采集框架

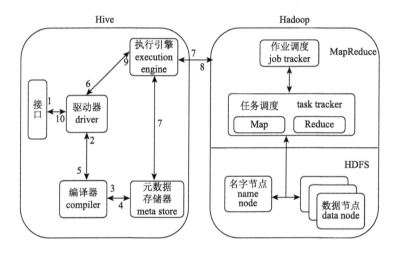

图 4-3　Hive 的基本原理

资料来源：https://blog.csdn.net/namelessml/article/details/52608881[2021-12-14]

driver：该组件接受查询请求，返回查询结果。类似于 session 的功能，用以提供 JDBC/ODBC[①]的应用程序接口。

compiler：该组件对查询任务的 SQL 语句进行语义分析，生成执行计划。

meta store：指元数据储存，元数据中存储了 Hive 表与分区的结构化信息，包括列与列类型信息、序列化器与反序列化器，作用是指引读写 HDFS 中的数据。

execution engine：该组件执行由 compiler 创建的执行计划。

_____

① JDBC，Java database connectivity，即 Java 数据库连接；ODBC，open database connectivity，即开放数据库连接。

基本步骤如下。

（1）通过 Hive 接口，如命令行或 Web UI 发送查询驱动程序（任何数据库驱动程序，如 JDBC、ODBC 等），发送到驱动器 driver。

（2）在驱动器帮助下查询编译器，分析查询检查语法和查询计划或查询的要求。

（3）编译器发送元数据请求到 meta store（任何数据库）。

（4）meta store 发送元数据，以响应编译器。

（5）编译器检查要求，并重新发送计划给驱动器。到此为止，查询解析和编译完成。

（6）驱动器发送执行计划到执行引擎。

（7）在内部，执行作业的过程是一个 MapReduce 工作。执行引擎发送作业给 job tracker，job tracker 在名称节点将作业分配给 task tracker。在这里，查询执行 MapReduce 工作。与此同时，在执行时，执行引擎可以通过 meta store 执行元数据操作。

（8）执行引擎接收来自数据节点的结果。

（9）执行引擎发送这些结果值给驱动器。

（10）驱动器将结果发送给 Hive 接口。

Hive 的数据处理量是 PB 级的，因此它具备非常好的水平可扩展性，支持集群部署，支持通过简单地增加资源以支持更大的数据量和负载。表 4-2 是 Hive 与传统数据库的对比。

表 4-2 Hive 与传统数据库的对比

对比项	Hive	传统数据库
数据插入	支持批量导入，不可单条导入	支持单条和批量导入
数据更新	不支持	支持
索引	有限索引功能，不像关系数据库管理系统（relational database management system，RDBMS）有键的概念，可在某些列上建索引，加速一些查询操作。创建的索引数据，会被保存在另外的表中	支持
分区	支持，Hive 表是分区形式进行组织的，根据"分区列"的值对表进行粗略划分，加快数据的查询速度	支持，提供分区功能来改善大型表及具有各种访问模式的表的可伸缩性、可管理性，以及提高数据库效率
执行延迟	高，构建在 HDFS 和 MapReduce 之上，比传统数据库延迟要高	低，传统 SQL 语句的延迟一般少于 1 秒，而 HQL 语句延迟可达分钟级
扩展性	好，基于 Hadoop 集群，有很好的横向扩展性	有限，RDBMS 非分布式，横向扩展（分布式添加节点）难实现，纵向扩展（扩展内存、中央处理器等）也很有限

三、基于 Spark 的流数据采集

基于 Hadoop 的离线数据采集具有数据量大、处理能力强的优点，但不适用于一些对时效性要求比较高的应用，如智能交通领域，需要实时捕捉道路上的车流数据，这些数据具有数据持续到达、数据实时到达和数据规模宏大等特点（谭亮和周静，2018）。传统的数据处理构建不能满足要求，Hadoop 构架的离线数据采集方案则不能满足时效性，需要实时或者准实时的数据采集方案。

实时数据分析和采集的技术和方法很多，如常见的有 Storm、Spark 和 Samza 三种框架。其中，Spark 框架下的流计算系统应用较为成熟，图 4-4 是基于 Kafka 和 Spark Streaming 的分布式流数据处理平台的系统架构，主要包括数据采集服务器、Kafka 消息系统、Spark Streaming 部分，以及数据存储部分。

图 4-4　基于 Kafka 和 Spark Streaming 的流数据采集框架

其中，数据采集服务器由多个数据采集部件构成，用于接收从实时数据源产生的数据。除了要具有快速地接收数据的能力，数据采集服务器还要保证数据传输的高效性和稳定性。常用的服务器有 Netty、Nginx、OpenResty 等。

Kafka 消息系统是一个分布式消息订阅和发布系统，具有高吞吐量的特点。主要作用是汇集来自数据采集服务器的数据形成数据流。在数据汇集过程中，Kafka 消息系统按照数据的类型划分为不同的 topic，将数据按照类别汇集到 topic 中，然后根据业务处理需求，将 topic 汇集的数据转发到 Spark Streaming 集群，由其分配到不同的处理模块，进行下一步处理。

Spark Streaming 是 Spark 大数据分析系统中用于实时计算的一个框架，具有很好的扩展性、容错性和吞吐量。Spark Streaming 是系统的核心模块，作用是从 Kafka 消息队列中提出数据，进行实时的业务处理。在处理过程中，Spark Streaming 首先将实时数据流进行拆分，拆分的依据是时间片，即按照时间片来拆分实时数据流。拆分的结果是形成一系列离散的数据流（discretized stream，DStream）。然后，将离散数据流与 Spark 弹性分布式数据集（resilient distributed dataset，RDD）建立映射关系，生产序列以备后续汇集操作。随后，离散数据流发送到 Spark 引擎，Spark 引擎将弹性分布数据集序列进行转换，形成中间结果，并且把它保存在内存中。最后再根据业务的需求对中间结果进行叠加或将其存储到外部设备。

第三节　产业竞争态势大数据的质量控制

产品质量是企业的生命线，这说明了质量对于企业的重要性。同样，数据质量在产业竞争态势分析中也起着非常重要的作用，正日益成为影响科学技术研究水平的关键要素。基于此，我们围绕数据质量管理展开深入的研究，在理论上建立起数据质量控制的参考模型，在实践上探索数据的管理方法，为推进基于大数据的产业竞争态势分析提供优质的数据（吴金红等，2016）。

一、数据质量控制的理论基础

数据质量控制模型构建是一个复杂的过程，需要借鉴和吸纳多学科的理论思想，包括全面质量管理、ISO 相关质量标准、数据生命周期管理及大数据理论，基本思路如图 4-5 所示。

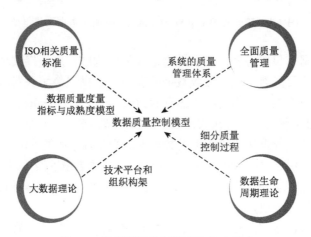

图 4-5　数据质量控制模型的构建基础

1. 全面质量管理

ISO8402 对全面质量管理的定义是"一个组织以质量为中心，以全员参与为基础，目的在于通过顾客满意和本组织所有成员及社会受益而达到长期成功的管理途径"。全面质量管理认为质量管理不是一个部门的事，而是全员、全过程、全方位地参与到质量管理过程中来，构建一个研制质量、维持质量和提高质量的有效体系。全面质量管理的思想在产品管理和项目管理中得到了广泛应用，也被引入数据管理领域。如 20 世纪 90 年代麻省理工学院全面数据质量管理团队提出全面质量管理框架，通过借鉴物理产品质量管理体系的成功经验，提出了基于信息生产系统的数据质量管理体系[①]。与一般的信息生成系统产出的数据不一样，数据具有类型多样、学科复杂、精确度要求高的特点，要对其质量进行控制，更需要引入全面质量管理思想，建立起一套科学、严密、高效的数据质量管理体系，多环节、多部门、多要素有机结合，为科学活动提供高质量的数据资产。

2. ISO 相关质量标准

全面质量管理为数据质量管理提供了质量持续改进的理念，是达到数据质量目标的一种愿景，而 ISO 相关的质量标准则为实现这个愿景提供了基础。2008 年，国际标准化组织颁布了 ISO8000 系列标准，在这个标准里明确了数据即产品的概念，其质量可以被管理，并定义了数据的质量特征，提出了一个包括初级、认知、规范、管理和优化在内的 5 阶段信息管理成熟度。全面质量管理和 ISO 系列标准两者结合起来，为数据质量管理提供了深化发展的方向。

3. 数据生命周期理论

与产品生命周期类似，为了便于对数据进行细化管理，将数据管理划分为若干阶段，这些阶段共同组成了数据的生命周期。数据生命周期实质上是采取一种分而治之的策略，将复杂的数据管理过程分解为较为简单的组成部分，再针对简单的过程设计解决方案。目前，数据生命周期理论已经逐渐运用到数据监管中，不少数据监管模型都是基于数据生命周期提出具体的体系构架，只是对于数据生命阶段的划分各有不同。例如，钱鹏（2012）提出的生命周期包括概念化、创建或接收、鉴定与选择、采集、保存存储、获取与利用、转化与迁移、保存规划、社区观察与参与、数据描述信息表示等 10 个阶段，而刘雄洲和王菲（2012）则将数据生命阶段划分为战略规划、数据收集、数据处理、数据保存、数据利用、服务质量评价等 6 个阶段。不管划分为多少个阶段，这种分而治之的策略，能够帮助我们更加合理地制定出数据管理制度、组织架构及对应的技术规范，协调各流程制度、技术规范的有效运行，从而提升数据服务水平与数据使用效率。

4. 大数据理论

大数据最近几年成为人们热议的名词，实际上，大数据在其还没成为社会广泛关注的焦点之前就已经普遍存在，尤其是在天文学、生物学、物理学、环境生态学等学科领域，产生了大量的原始数据、实验数据、测试数据、基因数据等。资

---

① http://web.mit.edu/tdqm/papers/other/evans.html[2015-04-02]。

料显示，截止到 2008 年，全球仅可统计的天文学数据有 40TB，地震数据有 60TB，基因数据有 80TB（Lesk，2008），而且科学研究数据一直呈现指数级增长的趋势。大数据带来了科研第四范式，同样改变了数据质量控制过程。数据质量识别、评价、预测等数据质量控制关键活动都离不开大数据理论的支持，这种支持不仅仅体现在硬件的升级、软件的体系重构上，更重要的是其明确了数据科学家应具备的知识域。如前所述，全面数据质量管理需要全员参与，更需要懂得大数据的数据科学家参与。

我们的数据质量控制模型综合吸收了全面质量管理、ISO8000 系列标准、数据生命周期管理、大数据理论等方面的理论思想和研究成果，以全面质量管理为基础，以系统观来构建数据持续改进的数据质量管理体系；以数据生命周期管理模型中定义的数据/信息管理流程、数据质量管理流程、数据生命周期的概念和过程来定义和细分数据质量管理的过程；以 ISO8000 系列标准的循环来界定数据质量度量的指标；以大数据理论来构筑数据质量控制的平台和数据科学家参与的包括数据质量控制委员会、数据质量控制工作组和数据科学家在内的多层数据质量控制组织体系。

二、数据质量控制的参考模型

在参照麻省理工学院全面数据质量管理模型的基础上，将 ISO 标准、数据管理、技术平台及人力资源等相关要素纳入数据质量管理的范畴，构建了数据质量控制的参考模型。数据质量控制的参考模型基本结构如图 4-6 所示（吴金红等，2016）。

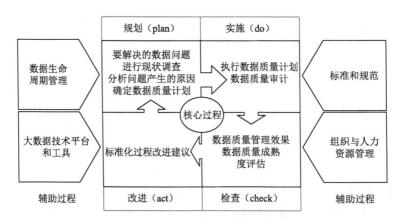

图 4-6　数据质量控制的参考模型示意图

数据质量控制模型由两大部分组成：核心过程和辅助过程。核心过程遵循质

量持续改进的理念，划分为规划（plan）—实施（do）—检查（check）—改进（act）
（PDCA）四个过程，这四个过程是一个持续的循环，通过循环，初步完善改进数
据的质量。辅助过程是核心过程得以实现的支持条件，包括数据生命周期管理、
标准和规范、大数据技术平台和工具，以及组织与人力资源管理。

三、数据质量控制的核心过程

核心过程是指直接参与数据质量管理的一系列活动。参照质量管理的 PDCA
循环，我们将数据质量控制的主要过程划分为四个部分：规划、实施、检查和
改进。

（1）规划。收集相关资料，分析科学活动的具体要求，识别数据的质量要求
和标准，并制订出使得数据质量符合科学活动要求的书面计划，主要包括以下几
个步骤：确定要解决的数据质量问题、进行现状调查、分析质量问题的根本原因、
制订数据质量管理计划。数据质量规划的过程如图 4-7 所示。

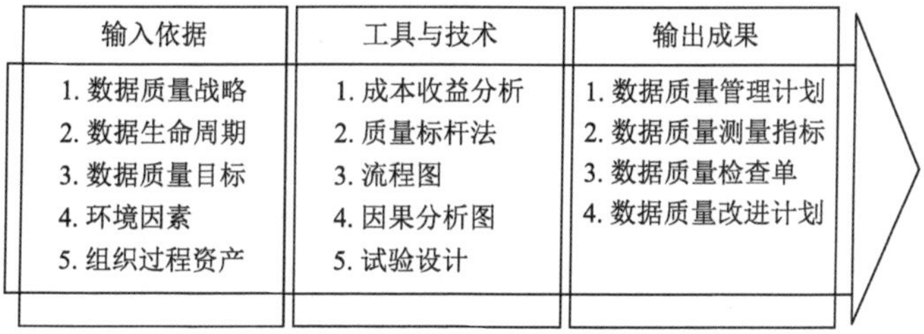

输入依据	工具与技术	输出成果
1. 数据质量战略 2. 数据生命周期 3. 数据质量目标 4. 环境因素 5. 组织过程资产	1. 成本收益分析 2. 质量标杆法 3. 流程图 4. 因果分析图 5. 试验设计	1. 数据质量管理计划 2. 数据质量测量指标 3. 数据质量检查单 4. 数据质量改进计划

图 4-7　数据质量规划的过程图

其中，输入依据中的数据质量战略即数据质量的长期规划，反映了组织对数
据质量控制的态度、愿景；环境因素是指数据质量管理所面临的政策、法规、标
准、行规等外部因素；组织过程资产是指历史经验、最佳实践、知识、组织制度
等内部因素。

输出成果中的数据质量管理计划描述如何实施数据质量政策，以及组织准备
如何达到数据质量的要求；数据质量测量指标是用来衡量数据质量是否符合目标
的数据质量属性，要求明确定义、分类，并合理分配技术、费用、人力资源的指
标数量和指标权；数据质量检查单是根据数据质量管理的最佳实践，列出一系列
最有可能产生质量问题的检查清单；数据质量改进计划是根据来自上一循环的改
进建议所做出的规划。

数据质量规划的工具和技术采用质量管理中常见的工具，包括质量管理老七
种和新七种工具，图 4-7 中仅列出常用的几种。

（2）实施。通过审计数据质量生命周期各过程的质量要求和质量控制测量结果，设计出具体的行动方法、方案，进行布局，采取有效的行动，确保采用合理的质量标准和操作规程来实现质量管理的目标。主要的过程有实施数据质量管理计划和质量审计，前者包括质量预防措施和质量改进措施，后者是对执行过程的监督和控制。其过程如图 4-8 所示。

输入依据	工具与技术	输出成果
1. 数据质量管理计划	1. 质量管理工具	1. 数据管理绩效
2. 数据管理工作规范	2. 数据清洗	2. 数据质量绩效
3. 数据质量标准	3. 质量审计	3. 清洁数据
4. 数据质量改进计划	4. 过程分析	4. 组织过程资产

图 4-8　数据质量计划实施的过程图

其中，输入依据是数据质量管理计划、数据管理工作规范、数据质量标准、数据质量改进计划。

输出成果包括：数据管理绩效，即数据质量现状及数据管理工作的进展；数据质量绩效，即数据处理记录，数据创建、读取、更新、删除的活动进程；清洁数据，即通过按照数据质量目标和要求，对数据生命周期内的数据进行过规范化数据处理的数据；组织过程资产，即为数据用户和数据质量管理者定义详细的数据质量管理工作相关的各项规范和操作指南，包括数据源清单、数据处理指南、数据错误修正指南、数据质量监控和控制的规范、操作指南、预防措施等。

采用的工具与技术除了上文的数据质量规划工具与技术之外，主要包括质量管理工具、数据清洗、质量审计和过程分析。其中质量审计是按照审计程序对特定的质量管理活动进行的结构化的审查。

（3）检查。通过一系列操作技术和活动，来核实数据的质量是否满足需求，即对质量管理计划执行的效果进行检测。主要包括数据质量评测和数据质量成熟度评估。其过程如图 4-9 所示。

输入依据	工具与技术	输出成果
1. 数据质量管理计划	1. 偏差分析	1. 数据质量检查结果
2. 数据质量测量指标	2. 数据质量评估方法	2. 数据质量评估结果
3. 数据质量管理绩效	3. 数据质量检查方法	3. 数据质量改进请求
4. 数据质量检查单		4. 数据质量管理绩效信息

图 4-9　数据质量检查的过程图

检查的输入依据主要是前面两个过程的成果：数据质量管理计划、数据质量测量指标、数据质量管理绩效、数据质量检查单。主要的工具和技术有：偏差分析，即将数据质量管理绩效与数据质量管理计划进行比较，评判数据质量水平和数据质量控制过程的实现程度；数据质量评估方法，即对数据质量测量指标进行综合运算，获得数据质量值的方法，如用户体验法（刘冰和卢爽，2011）、层次分析法（张永艳，2010）、熵权法（杨栋枢和杨德胜，2013）、决策树法（裘江南等，2012）、规则推理法（袁满和张雪，2013）等；数据质量检查方法，即对数据质量进行预测及判别数据质量因素的方法，如控制图法、帕累托图法、统计抽样、趋势分析法等。

主要的成果有：数据质量检查结果，即按照数据质量检查单进行核实的结果；数据质量评估结果，即当前的数据质量总体水平及存在的数据错误；数据质量改进请求，即通过定期或实时监控数据质量现状，发现一贯性数据错误，提起改进数据生成过程或要求的更改请求；数据质量管理绩效信息，即当前所完成的活动记录。

（4）改进。根据数据质量检查的结果，总结数据质量控制的效果，分析数据错误的原因，确定改善数据质量的方案。主要的过程如图4-10所示。

输入依据	工具与技术	输出成果
1. 数据质量管理计划 2. 数据质量检查结果 3. 数据质量评估结果 4. 数据质量成熟度 5. 数据质量改进请求	1. 过程分析 2. 总结和归纳 3. IT与平台	1. 数据质量问题和原因 2. 数据质量改进建议 3. 组织过程资产更新

图 4-10 数据质量改进的过程图

改进过程的主要输出成果包括：数据质量问题和原因，即存在的数据质量问题及其追溯出的原因；数据质量改进建议，包括数据清洗的方案、对产生错误数据的根本原因进行分析、提出防止错误数据复发的预防措施、找出数据质量控制过程中存在的漏洞、制订详细的数据管理进程的改进方案、制定对改进方案的数据质量度量指标；组织过程资产更新，即通过对数据质量检查的评测，发现在数据质量控制过程中行之有效的措施，并形成标准化的控制过程，以便在以后的质量控制过程中执行和推广。

四、数据质量控制的辅助过程

辅助过程不直接参与数据质量的改进过程，但可以为核心过程提供物质、人力资源等方面的支持。可以划分为以下几个过程。

1. 数据生命周期管理

数据生命周期管理主要指对结构化、半结构化及非结构化数据全生命周期管理相关的策略、流程和分类等[①]。主要包括以下几个子进程：①数据生命周期划分。包括数据生命周期管理的总体原则、流程设计，数据生命周期内各阶段的数据管理策略，数据分类原则与标准，数据生成、发布、交流、共享、存储的详细规范管理。②元数据管理。对业务元数据和技术元数据及元模型、存储库创建通用语义进行定义和管理。③数据安全管理。主要包括数据访问权限控制、数据质量安全水平的衡量标准和控制过程定义、用户 ID 和密码管理、用户数据访问监控及日志保持记录、数据安全绩效评价及详细的活动、安全标准的数据访问权限设置、数据管理、数据安全审计等工作。

2. 标准和规范管理

标准和规范是实现数据质量管理的前提，在规划数据质量管理时，就应当从法律、规章、标准等各个层次建立起完备的法规体系，才能保证数据质量管理过程得以顺利实施。包括数据质量管理的国际标准、行业标准、国家政策、行业规范、数据共享规格、组织内部制度、活动程序等。

3. 大数据技术平台和工具

主要包括大数据质量管理系统的体系结构设计、服务器构架、数据模型，以及数据交换和共享所采用的传输机制、数据接口、数据标准、存储库创建通用语义定义的方法和工具等。

4. 组织与人力资源管理

运行良好的数据质量管理组织结构、具备数据质量管理知识和能力的工作人员，是数据质量管理过程得以顺利实施的关键要素之一。它包括以下两个方面：①组织管理。主要是帮助建立起合适的数据质量管理委员会、数据质量工作组、数据质量管理员，设置数据质量管理的组织构架、制度和运行机制。②人力资源管理。主要制定增强数据质量管理人员的知识和能力的教育和培训方式，加强数据质量管理相关的知识管理过程。

五、数据质量控制的主要方法

在大数据的质量控制过程中，需要借助一些方法与工具，实现对数据质量的

---

① 《数字化转型评估方法参考（14 个经典模型）》，http://news.sohu.com/a/536280776_120564652[2022-05-07]。

检测、识别、评估。除了借用常用的管理方法及质量管理中常用的质量规划和质量控制方法之外，由于数据的特殊性，也要借助人工智能、计算机科学、数据库等领域的一些技术和方法。主要包括以下几类。

1. 统计学方法

统计学方法 1924 年由休哈特（Shewhart）引入质量控制领域，至今仍是企业质量管理的主要手段，该方法就是运用统计学的方法和技术对过程进行分析和控制，识别和控制过程中的波动。数据质量控制中，可以通过对数据生命周期的分析和控制，识别出数据价值创造过程中的偏差，从而揭示数据质量水平和找出数据质量问题。常用的方法有层次法、调查表法、排列图法（柏拉图法）、因果图法、直方图法、控制图法、散布图法等。

2. 运筹学方法

这类方法运用运筹学或者系统工程的原理和方法，来分析事物相互关系、探求实现目标的最优路径、找出最佳决策及安排时间进度，主要解决全面质量管理中 PDCA 循环的 P（计划）阶段的有关问题。常用的方法有相关图法、亲和图法、树状图法、矩阵图法、系统图法、网络图法、过程图法等。

3. 信息科学方法

这类方法运用信息论、计算机、人工智能的原理和技术，在对数据的采集、分析、处理、识别和理解的基础上做出判断、决策或控制。主要解决数据质量评估、数据质量问题自动识别及其自动修复问题。其中，数据质量评估的常用方法有简单比率法、最大-最小运算法、加权平均法、基于规则的评价法、熵权法等；数据质量问题自动识别法有规则法、推理法、SQL 约束条件法、完整性约束法等；数据质量问题自动修复法有基于规则的修复、贝叶斯真值推理法、机器学习法等。

这些方法适用于数据质量控制的不同过程，其有效性见表 4-3。

表 4-3 数据质量控制的方法与工具的有效性矩阵

过程		统计学方法						运筹学方法							信息科学方法				
		层次法	调查表法	排列图法	因果图法	直方图法	控制图法	散布图法	相关图法	亲和图法	树状图法	矩阵图法	系统图法	网络图法	过程图法	简单比率法	熵权法	规则法	推理法	机器学习法
P	质量问题	A	O	A	A	O	O		O	O										
	现状调查	O	A	A	A	O	O	O		O	A		A	O						

过程		统计学方法							运筹学方法							信息科学方法				
		层次法	调查表法	排列图法	因果图法	直方图法	控制图法	散布图法	相关图法	亲和图法	树状图法	矩阵图法	系统图法	网络图法	过程图法	简单比率法	熵权法	规则法	推理法	机器学习法
P	原因分析	A	O	A	A		A	A	A	O		A	A	A		O	O	O	A	A
	制订计划				O					O	O	A	A							
D	执行计划		O	O	O	A							O	O						
	审计绩效		O				A										O			
C	效果评测	O	O	A	O	A	A					A	O			A	A	A	O	A
	成熟度评估	A		A	O	A						A					O		A	
A	标准化																			
	改进建议		O	A	O	O	O												A	

注：①本表部分采用企业质量管理工具的分布图，并增加了信息科学的方法；②O 代表有用，A 代表特别有用；③限于表格容量，本表只列出了具有代表性的部分方法

第四节　本　章　小　结

　　本章第一节对产业竞争态势大数据的来源进行了归类，将之划分为三类：交易数据、网络数据和物理系统数据。第二节比较分析了大数据采集与传统数据采集的差异，并构建了基于大数据技术的产业竞争态势分析数据的采集框架。第三节深入探讨了困扰产业竞争态势分析的数据质量问题，并从理论上建立起数据质量控制的参考模型，归纳总结了数据质量控制的方法及其适用性。

第五章　产业竞争态势分析与动态预警

产业竞争态势的动态监控以特定产业为研究对象，运用产业竞争情报的理论与方法，在大数据平台和大数据技术的基础上，实时地跟踪与检测国内外产业相关的动态、市场变化、政策法规、技术革新等核心要素，及时捕捉产业竞争态势的发展变化信号，使得国家、政府和企业及时地了解产业的竞争态势和预警信号，迅速对可能产生的威胁做出反应。

第一节　产业竞争态势分析与监测的范围

产业竞争态势的动态监控要实时地跟踪和检测影响产业竞争格局的各种因素，构建一个全面动态的产业竞争态势跟踪和预警系统。这里我们采用 360°法将产业竞争态势需要监测的竞争情报表示出来，如图 5-1 所示。

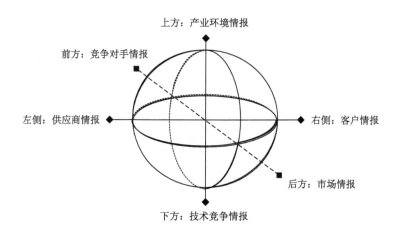

图 5-1　基于 360°法的产业竞争态势监测范围

（1）360°法的上方是产业环境情报，它是影响或指导产业竞争的因素，如政策法规、行业标准、社会、经济、文化，这些因素像一个无形的指挥棒，指引着产业的发展方向。

（2）360°法的下方是技术竞争情报，它是推动产业发展变革的力量，如科学技术事件、技术创新或趋势，这些因素会剧烈地改变产业的竞争格局。

（3）360°法的左右侧分别是供应商情报和客户情报，它们是制衡产业发展的外在因素。供应商和客户是产业链的上下游，是决定产业竞争态势的直接因素。

（4）360°法的前方是竞争对手情报，这是决定产业竞争格局的因素。竞争对手的强弱反映了产业竞争的现状，是我们首先要直接面对的事实，也是我们要重点分析的对象。按照波特提出的驱动产业竞争的五力模型，影响产业竞争态势的力量包括现有竞争者、潜在竞争者、替代品、供应商、购买者。而从企业的视角来看，我们把前三者统称为竞争者。

（5）360°法的后方是产业竞争的基础——市场情报，反映市场规模、市场趋势、市场需求等。

这几种竞争情报会直接或间接影响到产业的竞争格局，需要进行全面的跟踪和监测，从而对它们引起的变化提出产业预警。

第二节　产业竞争态势分析和监测的指标

（一）产业环境竞争情报的监测

产业环境竞争情报是指影响产业发展的外部宏观环境情报，包括政治环境、经济环境、社会环境。通过对产业环境数据的分析，可以获得产业发展的市场规模与容量、增长空间与趋势，以及增长速度等宏观层面的发展态势。产业环境数据的维度和指标见表 5-1。

表 5-1　产业环境数据的维度和指标

维度	指标
政治环境	产业政策、政策影响水平、政府补贴水平、财政预算等
经济环境	国内生产总值及增长率、消费价格指数、可支配收入等
社会环境	人口规模、性别比例、年龄结构、教育状况等

（二）供应商情报的监测

供应商是指可以为企业生产提供原材料、设备、工具及其他资源的企业。供应商主要通过其提高投入要素价格与降低单位价值质量的能力，来影响行业中现有企业的盈利能力与产品竞争力，从而也会影响到产业内部的竞争格局（表 5-2）。

表 5-2　供应商数据的维度和指标

维度	指标
基本情况	供应商的数量、供应商的名称
供应产品	产品的品种、规格、质量、价格
供应商实力	成本、实力、规模、生产能力、技术水平、信誉度
供应商运输	地理分布、运输方式、运输时间、运输费用等

（三）客户情报的监测

客户是指购买企业产品的个人或者组织。在买方市场中，企业是以客户需求为出发点，以满足客户的需求为目标，从而组织生产和营销的。因此，客户的趋向、偏好和议价能力也会影响到产业竞争态势的发展变化（表 5-3）。

表 5-3　客户情报的维度和指标

维度	指标
身份特征	年龄、性别、职业、学历、收入与消费水平、家庭状况等
位置特征	居住区域、工作区域、活动区域、移动路线
行为特征	使用行为路径、活跃度、兴趣偏好、购买意愿等
社会特征	人际关系网、兴趣圈

客户情报是竞争情报研究的重要领域，采用的方法包括传统的竞争情报分析方法。大数据环境下，诞生了一些新的客户情报研究方法，其中用户画像是当前较为广泛使用的一种方法。

（四）竞争对手情报的监测

竞争对手数据无疑是产业竞争态势分析最重要的数据。在同一个产业中的企业，由于市场空间有限，企业相互之间存在着密切的利益冲突，要想获得竞争优势必须制定出成功的竞争战略，而要制定出成功的竞争战略，则必须要了解竞争对手（表 5-4）。

表 5-4　竞争对手情报的维度和指标

维度	指标
基本信息	竞争对手的名称、数量、总体布局、组织结构等
实力分析	财务能力、成长性、产能利用率、创新能力
渠道构建	渠道偏好、渠道频次、渠道-产品关联度等
产品竞争力	用户活跃度、忠诚度、使用时长与频率、相关产品使用对比等

（五）技术竞争情报的监测

技术竞争情报是指能给组织的竞争地位带来重大影响的外部技术的威胁、机会或发展的信息，以及这些信息的获取、监控、分析、前瞻和预警过程[①]（王康和王晓慧，2018）。技术竞争情报监测的目标是及时发现可能会影响组织绩效的技术事件；确定创造或改善企业业务的新产品或流程；分析竞争环境中具有创新机会的科学、技术事件或趋势（郑彦宁等，2013）（表 5-5）。

表 5-5　技术竞争情报的维度和指标

维度	指标
商用技术	技术规格、商用技术数量、技术成熟度
技术研发	技术发展规划、研究团队、研发投入、研发人员数量
专利技术	专利分布、专利申请者、专利结构、专利生命周期
技术政策	产业技术标准、产业技术政策、产业技术细分

（六）市场情报的监测

市场情报是在市场调研的基础之上，为满足企业在经营过程中的市场需求和营销需求、提高产品竞争力，用科学方法在最短时间内搜集市场资料而获得的情报产品。对市场情报的监测，可以使用户完成对企业顾客或潜在顾客、销售模式的监测与分析。市场情报具体包括：市场环境、市场成长性、市场规模、市场分布等内容（表 5-6）。

---

①《专利化生存-技术竞争情报的现状分析》，http://www.360doc.com/content/06/0802/14/10248_171463.shtml [2010-02-15]。

表 5-6　市场情报的维度和指标

维度	指标
市场环境	市场地理环境、社会环境、经济环境
市场成长性	用户渗透率、增长速度、活跃度、流失率、重复购买率等
市场规模	总潜在市场、可服务市场、可获得服务市场
市场分布	竞品数量、市场消费力、用户生命周期

第三节　产业竞争态势分析和监测的方法

一、产业竞争态势监测的一般方法

产业竞争态势监测的研究过程中诞生了很多的方法，归纳如下。

（一）产业竞争环境分析和监测方法

对于产业环境竞争情报通常采用的分析方法包括专家判断法、SWOT 分析法和 BCG[①]矩阵分析法。

1. 专家判断法

专家判断法是运用专家的知识和经验，来分析和预测社会环境、经济环境、政治环境对产业发展的影响，直接分析研究和寻求其特征规律，并推测未来产业竞争态势的一种预测方法。

专家判断法最简单的方式是直接组织有关专家进行调查研究，由专家进行讨论从而获得预测的结论。这种方式简单直接，但是很容易带有主观性、片面性。为减少其主观性带来的影响，可以采取简单加权平均法或者德尔菲法。德尔菲法是采取多轮专家判断法，专家背靠背，将上一轮讨论预测的结果提交给另外的专家进行审阅，然后由其修改自己的预测意见。一般进行三轮，专家的意见基本就可以得到统一。

2. SWOT 分析法

SWOT 分析模型是通过对企业内部资源和外部环境进行综合分析，得出企业自身优势和劣势，以及其外部面临的机遇和威胁的竞争情报分析方法（王知津和

---

① BCG，Boston Consulting Group，波士顿咨询集团。

葛琳琳，2013）。SWOT 模型对于分析企业自身是非常有用的，可以掌握企业竞争的基本情况。

　　3. BCG 矩阵分析法

　　BCG 矩阵以市场增长率和相对市场份额作为评价指标来衡量企业产品的市场吸引力和产品实力，从而判断出企业各个产品在市场上的竞争地位和竞争力（王知津和葛琳琳，2013）。

（二）供应商情报分析和监测方法

　　对于供应商情报通常采用的分析方法包括专家判断法、数学模型法等。例如，王先甲和汪磊（2012）运用马氏距离不受量纲影响及消除变量间相关性的特性改进传统 TOPSIS[①]的距离计算，改进后的 TOPSIS 具有明显的科学性与合理性，最后，给出了该方法在供应商选择中的应用；袁宇等（2014）针对主客观评价准则下多种数据类型混合的评价信息，提出根据采集到的原始数据客观确定决策者和决策准则权重，避免主观赋权带来的二次不确定性，采用基于混合信息的 VIKOR[②]方法集结评价值，以克服数据类型的不可公度性和数据转换造成的信息损失；刘增明等（2014）提出 PCA-BP[③]神经网络方法，对该方法的实施过程进行了系统研究，并利用某包装企业合作过的 30 家供应商的历史评价数据进行了实例分析，数据显示 PCA-BP 神经网络方法相对于传统 BP 神经网络方法具有更快的收敛速度、更强的泛化能力及更好的学习稳定性。

（三）竞争对手分析与监测方法

　　竞争对手分析的方法是竞争情报研究最为充分的领域，形成了多种有针对性的分析方法，总体来看，可以分为两大类：第一类是以市场结构理论、资源理论为基础的传统竞争对手分析方法，如定标比超法、价值链分析法、核心竞争力分析法、关键成功要素分析法、BCG 矩阵分析法、四象限划分法、战略群组法等；第二类是以大数据为基础，运用信息技术，充分挖掘数据，从数据出发来识别和分析竞争对手的方法，如数据挖掘技术、网络可视化技术、神经网络技术、文本挖掘技术、专利分析法等。

---

　　① TOPSIS，technique for order preference by similarity to ideal solution，逼近理想解排序法，简称优劣解距离法。

　　② VIKOR，VlseKriterijumska Optimizacija I Kompromisno Resenje，多准则妥协解排序。

　　③ PCA-BP，principal component analysis-back propagation，主成分分析-反向传播。

（四）技术竞争态势分析与监测方法

技术竞争情报是竞争情报分析的一个重要子集，所以它采用了很多竞争情报常用的方法，如定标比超法、关键成功因素分析法、层次分析法等。此外，技术竞争情报近年来创造出不少专门的分析方法，如技术图表分析法、反求工程法、信息计量类方法。其中，信息计量类方法包括科学计量、内容分析、专利分析、文献计量和文本挖掘等方法。专利分析是当前技术竞争情报中发展最为成熟的方法，分析的内容包括专利数量、专利被引次数、专利成长率、科学关联性、技术生命周期、专利效率等。

二、产业竞争态势监测方法的新要求

要体现出大数据的价值，亟须在情报研究方法上进行升级和优化，将大数据分析和大数据挖掘的方法、思路、工具和手段融入产业竞争态势分析和监测的过程。大数据的 4V 特性对传统的产业竞争态势分析与监测方法提出了新的要求。

1. 敏锐的洞察能力

大数据之所以被人关注，不是因为其体量大，而是因为其蕴含的价值大，但这个价值又非常稀疏，隐藏在体量大的数据体中，需要有强有力的深入洞察能力才能发掘出来，发现有价值的情报。这就要求现代的情报分析方法能够对数据进行深层次的挖掘，纵向上能够从数据中发现事物之间的因果关系，横向上能洞察现象之间的关联特性。

2. 智能的分析能力

对产业竞争态势的掌控和对竞争格局的刻画，除了要求现代情报分析提供传统的基础运算操作和传统情报分析方法，更需要支持深度学习、自然语言理解、知识图谱、模式识别、机器学习、数据抽象等新型人工智能技术，使得情报分析系统具备强大的学习能力，并可以根据环境（数据）变化而不断地增长其智能性，实现情报分析的智能化，直接或间接地提高工作效率。

3. 准确的预测能力

大数据的核心就是预测，不是要教机器像人一样思考，而是要把数学计算运用到海量数据上，预测事情发生的可能性（迈尔-舍恩伯格和库克耶，2013）。事实上，大数据预测在不同领域得到了应用，如交通行为预测、就业情况预测、用户行为预测、选举结果预测、奥斯卡大奖预测、市场物价预测、金融借贷者还款能力评估等。产业竞争态势的监测同样要求具有准确预测能力的情报分析方法。

4. 强大的融合能力

从大数据的定义里可以看出，大数据是指无法在可容许的时间内被传统信息技术和软硬件工具进行感知、获取、管理和处理的数据集。这意味着构建在大数据基础之上的产业竞争态势预警系统有足够的计算能力和存储能力来处理如此复杂的异构数据。因此，现代情报方法应具有强大的数据融合能力，能够处理多源的、异构的大数据。

5. 多样的可视化能力

为了更有效地表示大数据挖掘出的价值，需要通过直观的方式将关键的信息和数据表示出来，从而有助于用户对具有 4V 特征的大数据的理解和深入洞察。这要求现代情报分析方法除了能够处理海量复杂的数据之外，还要能从决策者的角度出发，采用多种可视化方法，如图、表、曲线等方式，向决策者提供立体的情报。

第四节　　基于大数据的产业竞争态势分析与监测方法

在情报分析的过程中，诞生了不少具有鲜明特色的情报分析方法，我们对这些基于大数据的情报分析方法进行了汇总和归类，将它们分为以下几类。

一、数据洞察类

这类方法采用数据挖掘、文本挖掘、联机分析处理等数据分析技术，从海量的数据中发现规律、关联、趋势等，并融合业务需求得出有价值的情报。主要包括如下方法。

1. 文本挖掘法

文本挖掘（text mining）是一种从文本数据中发掘有价值的信息或知识的数据处理技术，它是数据挖掘的一个重要分支。文本挖掘是帮助我们获得产业竞争态势分析的重要依据。比如，在汽车行业中，通过文本挖掘找出最好卖、最畅销的汽车品牌及车型，发现用户关注度最高的品牌等。在大数据环境下，文本挖掘更多地体现在 Web 文本挖掘方面，已有不少的学者开展了这方面的研究。例如，许鑫等（2012）将 Web 文本挖掘法应用于行业态势分析，提出基于行业态势分析的

Web 文本挖掘流程；张玉峰和朱莹（2006）研究了基于 Web 文本挖掘的竞争情报获取步骤；吕冬煜和党齐民（2005）根据竞争情报的特点，提出了基于文本挖掘的可视化竞争情报提取系统，并对其中涉及的文档收集、文档预处理、文本挖掘和信息可视化等关键技术进行了较为详细的讨论。

2. 关联挖掘法

关联挖掘法就是在大量数据中发现项集之间有趣的频繁模式、关联、相关性或因果结构。大数据改变了人的思维模式，其中最引起人们关注的一点，就是传统的因果思维转向相关思维（孙琳，2017）。传统的思维模式是一种因果关系，要从现象追究到原因，找出其中的因果联系再做决策。而大数据时代则不需要去发现因果联系，只需要找出事物之间是否存在关联，就可以做出决策，并且这个决策往往被证明是正确的。这种关联分析法同样应用在竞争情报领域。例如，郭正明和张素芳（2011）从语义关联分析的角度入手，寻找战略技术信息之间特有的语义关联，分析其基本思想和分析流程，初步构建基于语义关联分析的战略技术信息分析法的理论模型；何超和张玉峰（2013）将语义关联分析融入商务情报分析方法之中，设计了一种基于语义关联分析的商务情报分析算法来进行语义层面的商务情报关联分析和情报知识发现。

3. 联机分析法

联机分析法是一种多维数据展示方法，它从多个角度对原始数据进行钻取、切片或切块、旋转，将数据转化成能够真实反映企业维特性并被用户理解的信息，它使分析人员能够迅速、交互、一致地从各个维度来观察数据，以达到深入理解数据的目的。这类情报分析方法仿照用户的多角度思考模式，快速地从各个分析角度获取数据，也能动态地在各个角度之间切换或者进行多角度综合分析，具有极大的分析灵活性。比如，刘东等（1998）在对决策情报需求分析的基础上，研究了如何利用数据仓库技术进行情报的管理与情报分析，提出了基于数据仓库的联机决策情报分析模式与方法；马妍和蔡淑琴（2003）根据企业财务情报分析的特点，提出了基于数据仓库技术的企业财务情报系统的设计思路。

4. 图挖掘法

图挖掘（graph mining）法是指利用图模型从海量数据中发现和提取有用知识和信息的过程[①]。图挖掘法通常来发现实体之间的结构联系，可以用来对竞争对手的企业价值链进行分析，也可以帮助找出潜在的竞争对手，常用的方法有 Web

---

① https://blog.csdn.net/qq_41653753/article/details/79112436[2021-12-14]。

结构挖掘法、社交网络分析法、知识图谱法、专利地图法等。例如，张玉峰等（2007）提出通过挖掘蕴含在 Web 内部结构和网页中的关联信息与结构模式，实现多维度和多层面的竞争情报采集；杨宇田（2017）把 LinkedIn 作为竞争情报的一个工具，论述如何利用 LinkedIn 进行竞争情报活动，挖掘商务社交网络的竞争情报价值；吴方等（2018）借助文献计量学软件 CiteSpace 可视化技术，对国际范围内碳排放权领域的文献基础、研究热点和发展态势进行辨识和追踪，挖掘出国际碳排放权研究呈现出浓厚的运用定量化工具和算法的研究趋势等有价值的情报；宋扬等（2018）采用专利计量法、社会网络分析法、专利地图法等信息可视化技术方法，从专利申请数量、专利被引频次、专利技术范围、专利布局等方面挖掘可穿戴设备领域上市公司技术竞争力态势、技术集群分布，评估上市公司竞争优势及领域内各上市公司技术发展联系。

二、人工智能类

人工智能是一种计算形式，它模拟人类认知的过程，通过机器自主学习，不断适应变化，分析问题、解释数据和解决问题。大数据与人工智能有着天然的联系。人工智能需要大量的数据来训练机器，以便机器能够可靠地识别数据中的有用模式，形成解决问题的智能。智能化是大数据时代情报分析方法发展的一个趋势。

1. 有监督学习法

有监督学习法也称监督学习法。所谓监督学习是使用已知正确标签的样本来训练网络。对人工智能有监督学习法的研究比较多，如卷积神经网络、贝叶斯网络、决策树、支持向量机等，在情报分析中也得到了较为广泛的使用。例如，张海涛等（2018a）基于卷积神经网络构建了微博舆情情感分类模型，该模型能够实现有效的微博舆情情感分类，相较传统机器学习具有一定的优越性。赵磊和王松（2016）针对舆情热度的趋势变化特点，基于 BP 神经网络理论，在舆情事件的时间序列上，对近期典型网络事件的舆情热度趋势进行了仿真，构建了描述舆情热度趋势变化的新模型。

2. 无监督学习法

无监督学习法指使用没有标签的数据进行训练，从中发现隐含的模式、知识等。无监督主要有三种，即聚类、离散点检测和降维，常见的方法有自编码、随机森林、模糊聚类、主成分分析、对抗生成网络、自组织映射等。例如，张乾君（2011）结合在企业竞争情报系统中的应用，提出了基于 K 均值和粒度原理的改进模糊 C 均值聚类算法。施扬（2007）应用自组织特征映射的人工神经网络模型，充分利用自组织特征映射作为样本特征检测器的功能，构建了基于自组织映射的分类模型。刘新雯（2018）提出一种综合改进随机森林算法（comprehensive improvement of random forest），将其用于预警中国财政风险，结果显示该算法在财政风险中的预警性能很好。

3. 半监督学习法

半监督学习法是指用于训练的数据集既有带标签的数据，也含有无标签的数据。这种方法与有监督学习模型相比，训练成本更低，训练的模型更为准确。常见的方法有半监督支持向量机、图半监督学习、生成式方法、低密度分离法、联合训练法等。如刘刚等（2018）结合半监督的机器学习算法，提出基于电力业务行为预测的用电客户价值评价模型。

4. 深度学习法

深度学习是当前人工智能研究领域中的一个研究热点，它是模拟人脑，对低层次刺激（特征）进行特征学习，并将之组合形成高层次刺激的属性和特征，从而实现自动从数据中获得规律的算法。常见的方法有深度信念网络、深度卷积神经网络、深度递归神经网络、受限波尔兹曼机等。深度学习近年来在情报分析中也得到关注。例如，周锦峰等（2018）针对高效地提取不同窗口大小的文本局部语义特征，提出一种深度卷积神经网络模型，该模型的训练效率和预测速度较其他卷积神经网络模型有较大提高，同时文本情感分类标注正确率比其他卷积神经网络模型高或与其持平。胡荣磊等（2019）将循环神经网络中的长短期记忆网络和前馈注意力模型相结合，提出一种文本情感分析方案。赵传君等（2018）从参数迁移和集成学习的角度，提出了一种基于集成深度迁移学习的多源跨领域文本情感分类方法。

三、趋势预测类

产业竞争态势分析的一个重要特征是要能够对未来的竞争格局、发展方向进行预测。大数据为产业预测提供了足够的样本数据，使原来的抽样数据分析发展到实际数据甚至是全样本分析成为可能，理论上预测的结果更加接近事实真相。大数据预测类方法在产业竞争态势监测中发挥着重要的作用，成为企业进行战略决策的一个重要手段。从研究文献来看，主要有以下一些方法应用。

1. 趋势演化法

竞争情报的一个重要价值是通过对历史数据的发展规律进行探索，形成对未来的发展趋势的判断，有力地协助企业把控竞争格局的变化。趋势演化法也是竞争情报方法研究中一个重要分支，主要有隐性狄利克雷分布（latent Dirichlet allocation，LDA）模型法、潜在语义索引（latent semantic index，LSI）模型法、动态网络分析法等。例如，李登杰等（2015）将动态网络分析方法和专利信息相结合，构建技术创新网络演化测度模型，对不同阶段的增强现实技术创新合作网络、知识网络、主体分布网络的整体结构和关键节点进行多视角测度，观察网络规模、网络关联程度、网络集中度、主体合作能力、研发实力、布局范围、技术热点和重要区域的动态演化过程。朱茂然等（2018）提出了一种基于 LDA 的主题演化分析模型，用于掌握科研动态和追踪研究热点。廖君华等（2013）采用 LDA 模型对网络热点话题主题进行提取，并利用时间标签发现热点话题，通过图标形式可视化展示其演化规律。张剑豪（2009）开发了一个基于 LSI 的军事情报信息的检索系统，实验证明该系统具有较高的实用价值，在检索的召回率和准确率等方面都有一定改善。

2. 专利分析法

技术对一个企业的生存和发展来说非常重要，现代竞争是一个技术主导的竞争，拥有技术的数量和技术创新的能力在很大程度上决定着市场的竞争根据，领先的技术往往可以催生一个新的市场，企业研发出新的技术也有助于其快速抢占新的市场份额。为保护自己的技术，企业往往会采用申请专利的方式，以法律的形式来维护自己的权益。因此，可以通过分析企业的技术专利来确定企业的核心竞争力，通过分析产业内的技术专利来研判整个产业的竞争格局，通过分析专利的申请数量、速度、领域来判断产业竞争的发展态势。例如，许冠南等（2016）采用专利主路径分析法对 3D 打印产业技术进行演变和预测分析，发现 3D 打印技术在设计与生物组织工程等方面的应用将是未来技术发展与市场应用的重要方向。张婷等（2018）采用专利分析方法结合可视化工具，从专利申请数量、技术生命周期、区域发展态势、竞争对手及技术发展趋势等角度对手术机器人领域的专利进行分析，发现手术机器人领域近年处于快速发展的时期，内窥镜和机械手是最受关注的技术开发方向。翁银娇等（2018）以 LED 产业为例，从德温特创新索引专利数据库收集我国 26 家 LED 上市公司的相关专利，通过专利合作网络、技术关联网络和技术相似性三方面探讨这些企业的合作关系、技术关联和竞合潜力。总体上看，专利分析已经成为产业竞争态势监测的一类重要的分析方法。

3. 语义预测法

语义预测法是通过语言要素、句法语境来推测词和语句意义的一种研究方法。

大数据 4V 特征中有一项是指数据的庞杂性，结构形式多种多样。这意味着同一概念在不同的数据中被识别的含义不一样，单单依靠简单的字符串无法准确地计算。其原因是单一的词汇能提供的信息量很少，需要借助一定的语义知识库来判断。语义预测法在大数据分析与挖掘中较为常见，通常用于在新闻文本中寻求时间的构成要素及其关系等，也可以用来对领域发展趋势进行预测。例如，巴志超等（2016）提出一种基于关键词语义网络的领域主题演化分析方法，利用社会网络分析技术，对领域主题进行演化特征分析，实验表明该方法能够有效地识别领域的热点主题及发展趋势。郭俊芳（2016）以技术挖掘、技术路线图、形态分析、模糊一致矩阵和 SAO 语义挖掘为方法基础，以"理论架构与方法基础—问题—解决方案识别—技术形态组合预测—商业化潜力评价"为研究主线，提出一套系统的技术创新路径分析与评价方法模型。

4. 时间序列预测法

时间序列预测法是一种定量预测方法，它假定客观事物发展具有连续规律性，通过对历史数据进行统计分析，根据回归预测进一步推测未来的发展趋势。由于受到可用数据的限制，时间序列预测法往往存在着结果的不规律性。大数据时代，随着数据共享和数据爆发，可用的数据显著增加，时间序列预测法更加成为企业常用的一种趋势预测方法。例如，沈杰等（2018）针对林业产值预测，提出一种基于季节性时间序列的方法，研究表明季节性时间序列模型可有效地预测林业产值的周期性和趋势性，且可大幅度提高预测精度。李静等（2019）提出一种基于时间序列分析和支持向量机模型的基金项目新兴主题趋势预测与可视化分析方法，研究表明该方法能够更加快速准确识别新兴主题。郁伟生等（2018）在 STL[①]、Holt-Winters 分解模型的基础上，提出时间序列音乐预测（time series based music prediction，TSMP）算法，从长期趋势和周期两方面进行分析，基于长期趋势编码和分类，以及类别最优值选择法对音乐流行趋势进行预测，实验表明该方法能够实现更精准的预测。

四、数据可视化

从行为学的角度来看，面向决策支持的大数据竞争情报系统要起到其应有的作用，除了有强大的数据处理和分析能力之外，很重要的一个环节是产生的情报具有很强的可读性，能为决策者所理解。想要理解大数据，使蕴含在数据中的价值更能被决策者洞察，最重要的手段之一就是数据可视化。数据可视化是指将大

---

① STL 即 Seasonal-Trend decomposition procedure based on Loess，一般译为时间序列分解法。

数据中的数据以图形或图像形式表示，帮助决策者理解数据、掌握数据和利用数据。因此，数据可视化成为通过数据分析传递价值的一种重要方法。在情报分析中常用的可视化方法如下。

1. 信息图法

信息图是把数据、信息或知识可视化，主要应用于一些必须要清楚准确地解释，但是内容却非常复杂，难以仅用语言文字表达清楚的场合[①]。例如，数据报告、教案、地图、标志、新闻页面，其要求是简单明了。在情报分析中，这类可视化方法经常用到，如直方图、饼图、折线图。

2. 词频图法

词频图法将要理解的文本大数据看作一个词汇的集合，通过统计每个词的词频信息来呈现文本的特征，其基本的词频计算方法是词频/逆文档频率（term frequency/inverse document frequency，TF/IDF）。在情报分析应用中，最常见的形式有标签云、用户画像形式。例如，张海涛等（2018b）基于概念格构建在线健康社区群体用户画像，揭示不同类型群体用户多维度的特征及不同情境下的行为规律，为优化社区服务提供依据。周朴雄和陈蓓蓉（2017）建立标签集之间的关联关系，以流程图的形式呈现用户兴趣预测模型。张红等（2012）提出了基于用户标签的电子商务网站分类目录改善方案，即将用户标签进行多层聚类，将聚类结果以层级结构的形式展示，并实现标签聚类结果和网站分类目录的映射，从而提高电子商务网站的分类检索效率和分类导航性能。基于词频的情报分析方法能够非常直观地观察数据的突出特征，如观察用户突出的兴趣爱好。但由于其本质上只是对文本中的高频词汇进行了简单的统计，忽略了文本之间的关系，能呈现的信息较为简单。

3. 关系图法

如上所述，基于词频统计的可视化方法可以帮助我们对研究对象进行粗略的了解，但不能了解它们的内在联系。实际上，在文本分析过程中，词与词之间的关系也可以帮助我们理解文本内容和发现规律。在更为复杂的竞争情报分析中，实体之间的关系显得更为重要，如在对竞争对手进行研究时，相互之间的关系可以帮助理解企业之间的合作与竞争。在竞争情报分析中，最为常见的基于关系的可视化方法是社会网络法、专利地图法、知识图谱法。比如，李培哲等（2018）

---

① https://baike.baidu.com/item/%E4%BF%A1%E6%81%AF%E5%9B%BE%E5%BD%A2/3868347?fr=aladdin[2021-12-15]。

运用社会网络分析方法，对我国卫星及应用产业产学研创新网络的拓扑结构和演化规律进行分析。孙天阳等（2018）结合社会网络分析技术，将2000～2015年制造业出口贸易网络重新解构为被国外吸收的国内增加值、返回并被本国吸收的国内增加值、国外增加值、纯重复计算部分4种网络，分析网络可加性、网络间相关性、网络拓扑结构和社团演化等特征，发现4种网络呈现出不同的演化特征，如国外增加值网络结构较为离散，纯重复计算部分网络有较为明显的"链式"结构。

4. 时空多维的可视化

时空多维的可视化近年来受到越来越多的关注。例如，齐建超等（2017）通过构建自组织映射神经网络，利用其聚类和降维可视化功能对5个监测时期的土地利用数据同时进行训练，展示出北京市乡镇级5个监测时期的土地利用时空演变规律。蒋江涛（2014）在社交网络中用户关系及用户的地理位置特征基础上，改进边聚类算法，设计并实现了基于地理位置特征的重叠社团发现算法。

数据可视化能够提高数据的可读性和及时性，帮助我们了解隐藏在大数据背后的价值，从而影响用户的理解和决策的快速实施。基于此，在大数据时代，数据的可视化将朝着多维视图、动态视图方向发展。

第五节　LTE领域竞争态势分析[①]

长期演进（long term evolution，LTE）技术是由第三代合作伙伴计划（3rd Generation Partnership Project，3GPP）组织制定的通用移动通信系统技术标准的长期演进，旨在减少网络时延、提高用户数据速率、改善系统容量和覆盖率，以及降低运营成本，是推动移动通信网络由3G时代过渡到4G时代的重要条件。目前，LTE领域已形成以北美洲、亚洲、欧洲三大区域为主导的三足鼎立的产业分布与竞争格局。纵观移动通信领域各大运营商的发展史，不难发现它们除了形成自己成熟的技术体系之外，还非常注重利用专利来保护自己的技术创新，维持自己在行业内的技术优势。作为技术创新最原始的资料，专利信息具有真实可靠、内容新颖且时效性好的特点。通过对相关产业和技术领域的专利技术进行检索和分析，能够把握相关产业和领域的整体情况和发展趋势，明确行业技术热点，了解企业的技术活动及其战略布局（蒋海龙和魏瑞斌，2013）。因此，本章试图从专

---

① 本书撰写时间为2014年，本节所有分析以2014年为基准时间。

利情报分析的视角，通过专利计量、社会关系网络等多种情报学分析方法来研究LTE 领域的发展态势，以期为相关部门和科研人员制定 LTE 领域相关战略及把握科学研究方向提供依据和参考（吴金红等，2015b）。

一、数据来源与方法

本节数据来源于德温特创新索引专利数据库，该数据库收录了全球 40 多个专利机构的 1800 多万条基本发明专利、3890 多万条专利情报，是世界上最权威的专利文献数据库之一（缪小明和汤松，2013）。检索式为 topic =“long term evolution”or “LTE”，时间跨度为 2006～2013 年，检索时间为 2013 年 12 月，共检索到19 449 条专利记录，经过清洗得到 15 879 条不同的专利记录。由于专利申请有18 个月的公布周期，以及专利数据库数据收集和录入有一定的延迟，2012 年和2013 年的数据不是很完整，仅供参考。

在分析过程中，本节采用定性与定量相结合的方法。首先，对原始专利数据进行预处理，清洗重复的记录，消除同一专利权人在不同专利里出现不同名称的现象。其次，采用图表分析法和社会网络法，对专利信息进行深度分析，并将结果以可视化的形式呈现出来。本节在分析过程中采用 Excel 作为专利统计分析工具，采用 NetDraw 作为专利网络分析工具。

二、LTE 领域的态与势

“态”是指竞争领域的整体格局，包括技术领域、地区分布等，它是对竞争领域的一种静态观察。“势”是指竞争领域的发展方向，是对竞争领域的一种动态分析。通过对“态”和“势”的分析，能够从纵横两个方向来考量竞争领域。

（一）技术领域分析

国际专利分类（international patent classification，IPC）以功能分类和应用分类相结合，侧重功能分类。通过对 IPC 分类号的统计分析，可以从总体上了解该领域内的重点技术研发的分布状况；通过各技术领域专利的比重分析，可以了解每一个技术领域的研发成熟度，进而可以帮助我们掌握该领域的技术发展趋势（梁晓婷和盛小平，2013）。表 5-7 是 2006～2013 年 LTE 领域排名前 5 位的重点技术专利申请量的分布情况。

表 5-7　排名前 5 位的重点技术领域分布

IPC	专利数量/项	技术主题	百分比
H04W	7956	无线通信网络，主要包括本地资源管理、业务或设施、切换或重选装置、监督监控或测试装置、检测或防止收到信息中的差错的装置、功率管理等	38.42%
H04L	3701	数字信息的传输，主要包括数据交换网络、检测或防止收到信息中的差错的装置、调制载波系统等	17.87%
H04B	3384	无线网络传输，主要包括无线电传输系统、监控设备	16.34%
H04J	1840	多路复用通信，主要包括正交多路复用系统、时分多路复用系统、频分多路复用系统等	8.89%
G06F	765	电数字数据处理，主要包括通用数字计算机数据处理与传送、错误检测校正与监控、输出装置等	3.69%

注：IPC 源自国际专利分类表，技术主题来源于领域内出现的 IPC 子分类号，并按照申请量进行排序

从表 5-7 可以看出，H04W（无线通信网络）类的专利申请量最多，占全部申请专利的 38.42%。值得注意的是，李春秀（2010）的统计结果显示，LTE 领域的无线通信网络方面的专利数占总专利数的比例不到 4%。由此可以看出，近年来国内外通信企业都非常重视在 LTE 技术方面的研发工作，并且在将 LTE 技术应用到移动通信网络方面取得了很大的进展，发展非常迅猛。相应地，H04L（数字信息的传输）和 H04B（无线网络传输）方面的专利数量也比较多，因为国内外移动通信领域的发展，尤其是 4G 网络的发展，离不开数据交换和传输技术的革新。H04J（多路复用通信）是 LTE 领域的关键技术，是各企业研究的热点，专利申请量相对也较多。而从其子分类来看，时分多路复用系统方面的专利申请数量较少，以后该领域的专利申请量有可能进一步提升。

（二）竞争地理分布

通过专利申请的地理分析可以了解主要竞争对手的地理位置分布及未来的竞争格局（韩雪冰等，2014）。

2006～2013 年 LTE 专利申请前 5 名的申请地区和组织从多到少依次是美国、世界知识产权组织、中国、欧洲[①]、日本。该分布基本反映了 LTE 技术在各个地区和组织的技术研发情况与市场发展情况。美国当时是 4G 通信技术的领头羊，其 LTE 技术专利申请量处于世界领先地位，占总申请量的 22%。可喜的是，我国 LTE 专利申请量位居第三，占总数的 13%。综合来看，美国是当时 LTE 技术研发最为广泛的国家，亚洲国家的发展势头良好，实力不容小觑，在后来的 4G 通信

---

① 欧洲数据不包含世界知识产权组织数据。

市场，拥有很大的话语权。当时，中国虽然发展势头迅猛，但与美国还存在一定的差距，要想在 4G 时代占领世界市场，需要在该技术领域进一步加大研发力度，在关键技术上实现突破，同时要注意专利申请和保护，利用专利手段，占据发展的有利位置。

（三）发展趋势分析

通过对专利申请的分析，可揭示 LTE 技术领域的历年专利申请及技术研发情况，从而掌握其技术发展趋势及全局动态，对检索到的 LTE 技术领域的专利申请量进行统计，结果见图 5-2。

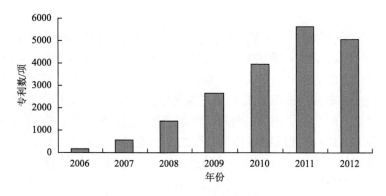

图 5-2　LTE 历年专利申请量趋势图

从发展趋势来看，自 20 世纪 80 年代起国内外企业就开始了对 LTE 技术的研发工作，但相关专利数量比较少，直到 2007 年开始才出现了突破性的进展。从专利数量上看，2006 年 LTE 技术专利申请数量达到了 161 项，而之前一直不到 10 项。之后，一直呈现出爆炸式增长趋势。实际上，专利申请数量的增长与各国研发者的学术敏锐度、研发模式及国家层面的重视有关。2004 年在多伦多召开的 3GPP 会议，决定开始 3G 系统的 LTE 研究项目，随后各国的通信公司争相申请 LTE 相关专利，布局 4G 战略。

三、LTE 领域的竞与合

"态"和"势"分析有助于从整体上把握竞争领域的总体格局，而对于企业决策者来说，其更需要深入到竞争领域的内部，分析潜在的竞争对手和合作对象，做到知己知彼，制定出进攻和防御的战略决策。

（一）竞争对手分析

通过对主要专利权人的专利数量的分析可以了解某技术的研发情况及所在领域的竞争环境与技术领先者（刘志辉和赵筱媛，2012）。由于许多全球性跨国公司在不同的地区或国家采用不同的名称，因此，我们对专利申请数排名靠前的专利权人进行了重点清洗，把属于同一公司的专利权人进行了合并。表 5-8 列出了排名靠前的 20 个专利权人及其申请数量。

表 5-8　主要专利权人及其申请数量

序号	专利数/项	专利权人	序号	专利数/项	专利权人
1	897	ERICSSON	11	217	FUJITSU
2	879	LG	12	207	NEC
3	758	QUALCOMM	13	197	RES EARCH IN MOTION
4	726	NOKIA	14	194	INTERDIGITAL
5	536	ZTE	15	182	KYOCERA
6	486	SAMSUNG	16	173	MOTOROLA
7	473	NTT	17	168	SHARP
8	334	HUAWEI	18	148	RENESAS
9	333	ALCATEL	19	146	HTC
10	260	DATANG	20	141	PANASONIC

注：ERICSSON 为爱立信，LG 为 LG 电子，QUALCOMM 为高通，NOKIA 为诺基亚，ZTE 为中兴通讯，SAMSUNG 为三星电子，NTT 为日本电报电话公司，HUAWEI 为华为，ALCATEL 为阿尔卡特，DATANG 为大唐电信，FUJITSU 为富士通，NEC 为日本电气，KYOCERA 为京瓷，MOTOROLA 为摩托罗拉，SHARP 为夏普，RENESAS 为瑞萨科技，HTC 为宏达电，PANASONIC 为松下，部分专利权人无中文名

数据显示，LTE 领域前 20 位专利权人都是全球著名的企业，其中很多企业是电信和通信行业的巨头，如三星电子、诺基亚、高通。由此可见，LTE 是各国电信企业非常重视的技术，也是各企业为获得 4G 市场竞争优势而必须攻克的技术热点和难点。总体来说，LTE 领域有 3108 个专利权人，专利权人数量多，但集中度相对较高。表 5-8 中 20 位专利权人总的专利申请量占总量的 47%左右。说明表 5-8 中的这些公司在该技术领域占据较高的垄断地位，这也与通信行业的特点相吻合。

值得注意的是，在排名前 20 位的专利权人中，有中兴通讯、华为、大唐电信及宏达电等四家中国通信公司，专利申请数占全球申请总量的 17%。其中，中兴通讯专利申请数为 536 件，占全球申请总量的 3.37%，超过韩国的三星电子，名列第 5 位。由此可见，一方面，当时我国通信企业非常重视对 4G 技术尤其是 LTE

技术的研发，并也取得了丰硕的成果，为之后国际 4G 前沿技术的激烈竞争奠定了良好的技术基础。另一方面，这也反映出国内知名企业已逐渐培养出良好的专利意识，积极运用专利战略保护自主研究。

（二）竞争优势分析

专利申请总量反映出一个公司总的技术优势，但不同的公司因不同的竞争策略，所采用专利战略重点不同，因此，需要继续下钻，深入分析每一个子类中专利申请数的分布状况，明确其各自的优势和劣势，以便其采取合适的竞争或合作战略。表 5-9 列出了专利数量前 10 名的公司在 5 个重点技术领域的专利分布情况。

表 5-9　技术领先领域对照表

IPC	ERICSSON	LG	QUALCOMM	NOKIA	ZTE	SAMSUNG	NTT	HUAWEI	ALCATEL	DATANG
H04W	694	588	675	501	409	348	446	247	240	219
H04L	358	279	345	243	205	183	75	121	129	95
H04B	246	573	291	134	147	275	135	68	68	52
H04J	102	369	202	41	36	133	166	15	32	9
G06F	38	36	62	96	4	25	7	9	22	1

由表 5-9 可以看出，爱立信在 H04W 和 H04L 小类下的 LTE 专利数量处于领先地位，这显示出爱立信对 LTE 的重点关注程度和强大研发实力。但与其竞争对手相比较，爱立信的领先优势并不是很明显，如与高通、LG 电子在 H04W 方面的专利数相差不大。而 LG 电子在 H04B 和 H04J 方面的优势则较为明显，尤其是在 H04B 方面的 LTE 专利数量遥遥领先于其他公司。与国外这些著名的通信公司相比，我国在这方面仍属于落后的位置，而且专利布局不均衡，比如中兴通讯在 H04J 方面的专利数量明显少于其他公司。

（三）竞争合作分析

动态的行业环境要求企业整合内部和外部资源以迅速应对不断变化的外部市场（Teece et al., 1997）。专利代表着公司的技术能力和竞争优势，是企业间合作的重要体现。因此，通过分析专利权人的共现关系，构建专利权人合作网络，可以帮助发现行业内企业之间的合作关系和发展态势（袁晓东和陈静，2013）。我们先通过分析检索结果构建出 33 家排名靠前的专利权人合作矩阵，再利用 NetDraw 对专利权人的合作关系进行可视化描述，结果如图 5-3 所示。

由图 5-3 可知，虽然有不少孤立的节点，但是专利合作开发已经逐渐成为 LTE

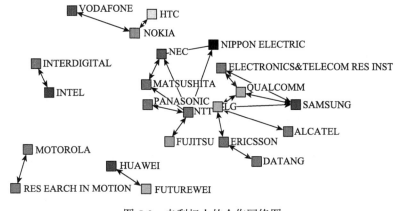

图 5-3　专利权人的合作网络图

图中部分专利权人无中文名

技术研发的一种重要方式。从图 5-3 的结构特征来看，LTE 领域的主要合作模式是中介型和双核型（周磊和张玉峰，2013）。图 5-3 中由 13 家企业组成的最大的合作网络是一种典型的中介型网络，两个连接节点分别是日本电报电话公司和LG 电子。对照表 5-9 可以发现，这个大型的专利权人合作网络的节点都是一些排名靠前的公司，也是 LTE 领域最活跃的公司。另外值得注意的是，这两个节点都为亚洲的公司，这也意味着在 4G 网络竞争中，亚洲公司是一股具有巨大影响力的力量。而双核模式多出现在企业与其子属公司之间，说明大多数技术领先型企业重视各分部的合作，但是合作的规模有限、知识的同质性高，不利于知识的跨组织交流。

四、结果讨论

本节通过对国内外 LTE 领域的专利申请趋势、专利权人、专利地域、合作网络等因素的分析，研究了该领域的"态"和"势"，并对竞争领域进行了细化分析，获得了该领域潜在的竞争对手和合作对象。通过分析，得到如下主要结论。

（1）国内外对 LTE 技术的研究非常重视，成果数量呈现直线上升势头，目前处于快速增长期，并且技术分布范围正迅速扩大。因此，我们需要抓住机遇，投入更多的资源推动 LTE 领域的研究，缩短研发时间掌握核心技术、占领 LTE 技术的制高点。

（2）虽然调制载波、多路复用和电路传输技术仍然是 LTE 领域研究的热点，但是从专利数量上来看，无线通信网络的资源管理是 LTE 技术竞争的主战场。该领域的研究重点在于如何提高 LTE 的系统性能、满足高数据速率和服务质量。这意味着不久的将来，LTE 领域将逐步进入产业化阶段。

（3）虽然 LTE 关键技术仍掌握在美国、欧洲及日韩等国家和地区的通信企业手中，但我国在 LTE 领域正发挥着举足轻重的作用，专利申请数量在整个 LTE 领域的比重越来越大，正在打破原先由欧美及日韩垄断的局势。

（4）国外 LTE 领域的专利权人非常注重企业间的合作，形成了以日本电报电话公司和 LG 电子为关键连接点的超大规模专利权人合作网络。这种网络的出现，一方面会带来全球协同的产业发展模式，另一方面也无形中形成了一个壁垒，阻碍未参与合作网络的企业参与协同发展。国内企业的合作意识需要改进，如中兴通讯的 LTE 专利数量很多，但在合作网络上却呈现孤点状态，这无疑阻碍了它与全球其他企业的合作。因此，我们需要加强合作意识，积极参与协同发展的队伍，在世界上占据领先位置。

第六节　本　章　小　结

本章采用 360°法对产业竞争态势需要监测的竞争情报进行全景扫描，提出了产业竞争态势分析与监测的指标体系，并分析了大数据时代的产业竞争态势监测方法的新要求，将其归纳为数据洞察类、人工智能类、趋势预测类、数据可视化等 4 类智能的方法，并以 LTE 领域为例，介绍了一种产业竞争态势分析与监测的过程与方法。

第六章　基于众包的动态预警系统运行机制

大数据为产业竞争态势监测与预警构建了一个全新的，立体的信息生态空间，但其 3V 特征也使传统的、以人工分析为主的情报工作模式遇到了人才、资金及创新等多重挑战。如何调整竞争情报工作的 IT 模式使企业能够借助大数据带来的大洞察增强企业的核心竞争力，有着重要的现实意义。众包是互联网带来的新的生产组织形式，具有工作开放性、大众参与性、组织无边界、智慧创新性等特征，是大数据时代企业竞争情报实现创新升级的一条有效而可行的途径。

第一节　大数据情境下企业竞争情报面临的挑战

从数据层面上看，大数据是指在一定时间内无法用传统数据库软件工具对其内容进行抓取、管理和处理的数据集合，大数据环境下产业竞争情报及产业竞争态势监测与预警面临着巨大的挑战。

（1）精通大数据分析的情报人才匮乏。大数据分析涉及多方面的技能：技术（软件和系统等）、数学（统计、建模和算法等）、商业分析（领域知识）和可视化（语言和图表等）[①]。目前精通这些方面的复合型情报分析人才极少。实际上，麦肯锡全球研究所的一项调查预测，在 2012 年，光美国就可能面临缺少 14 万至 19 万名拥有扎实分析技能的人才，而且缺少 150 万名懂得使用相应工具分析大数据、做出合理决策的管理和分析人员的情况[②]。

（2）成本激增，资金紧张。竞争情报需要关注的数据显然已经不仅限于企业内部数据库中的业务数据，还包括物联网、社交网络、移动网络等用户活动中产生的难以估量的社会化数据。庞大的数据量不仅使得竞争情报系统的硬件和软件成本急剧膨胀，而且需要不断更新情报分析人员的技能和构成，保证足够的 IT 技能以应付新的情报分析需要。这必然会增加企业情报工作的运行成本。

（3）组织结构封闭，缺乏创新意识。传统的情报工作模式人员固定、组织结构稳定，导致情报收集手段、情报分析方法、情报服务方式都局限于企业既有的

---

① 《CNNIC 谭光柱：大数据时代已来临，分析成难点》，https://www.cnaiplus.com/a/bigdata/2017-12-17/44474.html[2017-12-29]。

② 《大数据时代人才需求，你能符合要求吗？》，https://wenku.baidu.com/view/a454fb4702768e9951e73888.html[2021-05-13]。

资源、知识和能力，利用和洞察数据的思维必然受到传统模式的桎梏。需要突破原有的情报分析思维模式，实现思想创新、方法创新，从不同的角度深度挖掘和理解大数据。

第二节　产业竞争态势监测的众包模式

一、众包的定义

众包是互联网带来的新的生产组织形式，它具有激活大众热情、利用集体智慧、激发无限创意的优势，可以为企业的竞争情报提供较为精确的分析能力。

众包一词由 Howe 于 2006 年 6 月在 *Wired News*（《连线新闻》）的一篇文章中首次正式提出。它是指一个公司或机构把过去由员工执行的工作任务，以自由自愿的形式，外包给非特定的大众网络的做法（Howe，2006a）。当然众包作为一个新理念，在相关文献中也只是给出了一种描述性的概念，还没有确切的定义。一些学者根据研究需要从内涵、外延等不同视角对众包做了特征分析，如表 6-1 所示。

表 6-1　国内外学者对众包的定义

作者	众包的定义
Howe（2006b，2008）	众包是由非专业人士提供专业内容，消费者兼为内容创造者 众包的主要特征是基于网络，互不相识的人通过互联网创新和价值共创
Thrift（2006）	众包用来刺激和协调不规则资源的整合，使之能够组织化工作
Wikipedia	众包是志愿者或业余人士利用空闲时间解决问题或提出各自观点，是一个由企业发起的开放性系统活动
Brabham（2008）	众包指企业在线发布问题，大众群体（专业或非专业）提供解决方案，赢者获取报酬，且成果归企业所有，是一种在线、分布式问题解决模式和生产模式
Chanal 和 Caron-Fasan（2008）	众包是企业开放式创新生产，通过网络设备聚集外界众多离散资源，这些资源可以是个体（如创意人员、科学家或工程师），也可以是团队（如开源软件群体）
张凤歧（2009）	众包是一种新的生产方式、新的生产要素的组织方式、新的劳动的组织方式，众包在劳动定价、战略管理、运作方式和企业文化方面都具有价值
魏拴成（2010）	众包指的是企事业单位、机构乃至个人把过去由员工执行的工作任务，以自由自愿的形式外包给非特定的社会大众群体解决或承担的做法
肖岚和高长春（2010）	众包不仅拓展了企业研发活动的途径，降低了研发费用，而且为大众参与研发、解决技术难题提供了可能，但众包的大量出现也会大幅度降低企业内专业人员的工作机会和收入

众包具有开放性、参与性、无边界、创新性的特征，与竞争情报工作具有内

在契合点。引入众包模式，有助于帮助企业竞争情报工作创新运作模式，走出困境，开发和利用大数据，从而将大数据转化成企业的竞争优势。众包的优势如下。

（1）突破组织界限，为竞争情报提供无限智力支持。众包模式下，通过众包网络平台，采取一定的激励机制，能够吸引大量的外部资源参与众包业务，为竞争情报提供具备大数据分析技能的各种人才。随着互联网的普及，可供利用的网络智力储备越来越多。2012年《第30次中国互联网络发展状况调查统计报告》的数据显示，中国网民数量达到5.38亿，互联网普及率为39.9%，其中大学本科及以上学历网民占21.6%。也就是说，仅中国地区，就有1亿左右的高素质、高学历的"数字原住民"，这为众包的发展创造了有利的条件。只要在众包活动中处于主动地位，掌握一定的整合能力，企业就可以无限地扩大组织边界，让来自全世界的众包用户参与企业的经营活动，为企业提供无限的智力支持（张文建和柏波，2012）。

（2）用人而不雇人，降低情报工作成本。众包模式的一个重要特点是用人而不雇人，在绝大多数案例中，众包都是由业余人士或者志愿者利用他们的空闲时间创造内容、解决问题，甚至从事以前一般公司才做的研发工作（Howe，2006a）。用人而不雇人的模式，减少了设立专门办公场所的成本，也不需要持续供养雇员和跟踪整个进程，并且只需要支付所选择方案的费用，因而，可大大降低竞争工作的成本。根据国内外的统计，众包征集来的方案的费用是咨询公司的几分之一，甚至是十分之一。

（3）激活群体智慧，增强情报工作创新能力。从接包方的角度看，参与众包任务的主要原动力是自我价值体现的需求，根据自身需求理性参与创新，代表一种自我意识驱动的创新。而从发包方的角度来看，众包是一种突破传统的企业内部知识、资源和能力束缚的开放式创新模式，可以激发大众的支持和参与，培育大众参与式创新文化，发挥大众的首创精神。这种开放式创新模式，与以开源数据为主体的大数据正好不谋而合，有利于深度开发和利用大数据资源。

二、产业竞争情报的众包流程

从上述对众包的分析来看，众包与竞争情报工作具有内在契合点。竞争情报部门在面对自身难以应对的大数据情报分析任务时，可以将拥有的数据、问题的描述、期望的指标整理后发布到众包平台上，通过适当的方式吸引有大数据分析能力的数据科学家参与。如果能合理组织安排竞争情报的众包活动，就有可能缓解或者解决上述困境。基于此，在"Crowdsourcing for enterprises"（Vukovic，2009）中提出的众包模型的基础上，结合企业竞争情报工作的实践，提炼出企业竞争情报众包的运行模式，见图6-1。从主体上看，主要包括：发包方、众包平台、接包方。

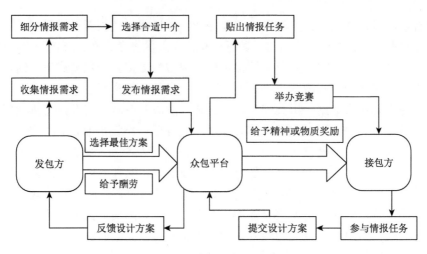

图 6-1　产业竞争情报众包模式的逻辑框架

1. 发包方

在上述众包构架中，发包方是有大数据分析问题需要解决的个体或者企业，是众包活动的发起者。发包方主要完成竞争情报众包项目的需求分析、众包决策、任务分解、众包平台的选择、众包合同的签订、制定激励和奖励措施等。

2. 众包平台

众包平台是沟通发包方和接包方的桥梁。它为发包方提供发包平台，吸引志愿者参与，为接包方提供任务，任务完成后反馈给发包方。众包平台的主要任务是发布众包任务的公告、发布激励和奖励措施、监控双方行为、保障双方权益、组织众包活动的实施工作等。

3. 接包方

参与的用户既可以是有一技之长的专业人士，如精通数据挖掘和数据分析的数据科学家，也可以是非专业的兴趣爱好者和社区的参与者。这些参与者可以是个人也可以组队参加。数据分析师们利用自己的专业知识和数据分析工具设计分析模型，并将结果提供给竞争情报部门，由其按照预定的指标进行评审。优胜者得到物质或者精神的奖励，而竞争情报部门得到数据分析的最终结果或者分析模型。

第三节　产业竞争态势监测众包的关键环节

要确保众包活动能够成功，必须要重视其运行机制的建设，尤其需要着重关注以下几个关键的环节。

一、众包项目甄选

竞争情报的特殊性决定了不是每个任务都可以参加众包，因此，在任何人做出众包决定之前都有一个重要的问题需要考虑：什么任务可以众包出去？Schenk和Guittard（2009）认为一个公司采用众包模式有四个主要影响因素：产出的质量、风险的减少、问题的解决和组织核心能力。而D'Atri等（2011）则认为专业知识和可用投资的稀缺是中小企业采用众包的主要原因。大数据时代，竞争情报分析面临的主要问题是人才匮乏、成本激增及创新有限，因此，在选择众包项目的时候，复杂性、创新性及成本成为主要考虑的因素。另外，也需要考虑组织战略、时效性、功能和环境等一些潜在的因素。总之，在选择竞争情报任务作为众包项目时，要做到"知己知彼"，其中知己就是要清醒地审视自己，包括项目的目标、组织的技术能力、知识积累与结构、可供支配的资源等；知彼就是要对众包活动流程、参与者的行为特征有深刻的理解。

另外，为避免决策的主观臆断性，需要采取规范化的流程来选择适合众包的情报项目。规范化的项目甄选过程不仅可以帮助竞争情报部门做出正确的决策，将资源、资金、时间投入到有价值的项目上，而且也可以确保众包活动不会因迷失方向而导致进度延误、费用超支等问题。其主要过程如图6-2所示。

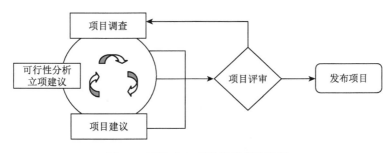

图 6-2　甄选众包项目的规范化流程

二、严格的项目监管体系

众包在集体行为和内容创造上有巨大的变革性力量。当允许大众参与问题解决过程时，众包参与者有可能通过不适当的影响使其产生不可预测的移动或引导，组织在很大程度上可能失去对大众行为和项目成果的控制。有时候大众甚至可以改变项目和组织的主要目标。因此，组织需要采取合适的管理机制去引导大众完成指定任务。

Nambissan和Sawhney（2007）认为领导网络参与者有两种不同的范式：一

种类同于开放式创新范式，由主导企业决策影响创新的过程、定义工作的本质和选择参与者；另一种类同于开源技术范式，领导力分散在成员中。对于竞争情报而言，其众包任务具有一定的约束，尤其是具有很强的时间限制，因此，完全采取网络自律的方式来约束参与者，很可能会导致项目的失败。应该采取网络自治加指定项目管理者的混合型管理机制进行过程和质量控制，任命项目经理，使其负责众包参与者之间的沟通管理，协调项目计划实施，负责最佳方案的选择决策（叶伟巍和朱凌，2012）。

另外，众包并不意味着对系统完全的放任自流，也需要一套包括范围、进度、成本、质量等的计划体系，这一体系中的所有层面和维度都必然是互相联系而不可分割的。例如，进度计划是其中最重要的一项。在众包项目实施前，必须要制订详细的进度计划，每一个任务、每一项工作都要在进度表中有明确清晰的定位，使每一个参与者都清楚每一项工作的时间安排；在项目实施过程中，要对众包项目的进展状态进行观测，不断记录每一项工作的实际开始时间、实际完成时间、实际进展时间、实际消耗的资源、目前状况等内容，以便随时了解项目的进展动态，必要时采取有效措施，使项目进度按预定的目标进行，确保目标的实现。

三、灵活的激励措施

众包的本质就是大众智慧和集体智能，众包社区的成功初始化和可持续发展很大程度上取决于大众参与。根据史特金定律，只有 1%的用户在贡献，10%的用户参与评价，而剩余的 89%是跟随者。因此，探索是什么在激励大众参与问题解决活动是很重要的。

众包激励机制主要有内在激励和外部激励两大类。内在激励理论认为，激励大众参与众包项目的动机源泉和需求来源于心理、认知、情感和社会层面（Zhang，2008）。主张从精神层面上激励，让参与者从内心深处感受到被尊重、被需要、被信任是众包的主要激励措施。而外部激励理论认为，随着时间的推移，精神层面上激励的效果会持续减退，参与者数量和热情同样也会持续下降，适当地采取一些外部激励，尤其是金钱激励，更能够吸引参与者。实际上，外部激励确实是大众参与众包活动的主要动力源泉。DiPalantino 和 Vojnovic（2009）在分析众包活动中奖励与参与的关系时，发现当有奖励的时候，用户参与率会显著提高。

竞争情报分析是一项具有很强探索性的工作，尤其是面对大数据这种传统 IT 不能应对的数据来源，从大数据中发现有价值的信息，无论在技术还是复杂性上都面临着巨大的挑战。从大数据分析的众包活动来看，其潜在的接包方主要是从事科学研究的一线科研人员、学生，他们更加看重的是攻克科研难题带来的成就感、社会认同感及相关的荣誉，能为其进一步发展或就业提供帮助。相对地，金钱等物质奖励就在其次，有适当的活动经费能够保证项目正常开展即可。因此，在设计激励机制的时候，务必要在对参与者行为动机进行深入详细研究的基础上，提出更为全面、切实、可持续的激励机制。竞争情报发包方可以与一些大型知名IT 企业合作，对于一些具有科研价值并且有挑战性的创新性工作，以精神激励为主要手段，采取竞赛排名等方式对优胜者授予各种荣誉；对于一些烦琐但创新性不高的项目，以金钱等外部激励为主要手段。

四、定制化项目配置

促使大众参与众包活动的不仅与参与者的动机相关，也与众包本质问题、组织的目的和目标有大的相关性。例如，Shao 等（2012）针对新产品开发和创新竞赛进行了一项实证研究，目的是探索项目属性与竞争态势对参与者的数量和获胜者水平的影响，结果表明更容易的任务、更长久的工期和更低的竞争强度能够吸引更多的参与者。因此，有必要根据项目目标对项目采取针对性的配置措施。

（1）定义项目目标。现代项目管理学认为，项目的实施过程实质上是一个追求目标的过程，项目目标的设置应该是清楚定义的、可以最终实现的（程正中，2012）。对于众包项目来说，由于参与项目的是一般大众，更需要设置明确的、可量化的、可实现的项目目标，让参与者明白项目的要求。

（2）分解项目任务。接包方通常是利用自己的业余时间来完成众包任务，因而其投入项目的时间、精力和资源都是有限制的。因此，把庞大的任务分解成一些小的、容易做到的、耗费时间短的任务包，既能增强参与者的信心，确保项目的质量，又能吸引更多大众的参与，缩短项目的进程。

（3）包装项目。Sharma（2010）指出"人群动机需要与众包活动的长期目标一致"是成功众包的关键因素之一。因此，发包方需要研究众包人群的动机，将众包活动以其感兴趣的形式发布到众包平台上。例如，Kaggle 经常采用竞赛的方式让大众参与众包活动，Marblar 则采取游戏的方式来吸引大众参与。

五、众包平台选择

众包参与者的专业水平、职业素质对于众包项目完成的质量有着非常大的影响。一般来说，众包信息的发包平台在很大程度上决定了众包活动的群体，也就决定了用户的水平与素质。目前常见的众包平台有企业门户、社交网站和专业的众包中介网站。第一种方式是在企业门户网站上发布众包任务，这种方式有利于企业管理众包活动，同时也能降低一些成本，但是其受众比较少，从而会错过一些优秀的参与者，导致很多项目无人问津。第二种方式是在 Facebook、豆瓣、微博等知名的社交网站上发布众包信息，这种做法传播速度快，但由于信息更新较快，这些众包信息很容易就被淹没在新的信息海洋之中，被有能力的用户遗漏。第三种方式是在猪八戒网、微差事、Kaggle 等专业的众包平台上发布众包信息，这种平台集聚了一些专门从事众包活动的用户，项目成功率比较高，但是成本相对要高一些。

在产业竞争情报众包项目实践中，如果经费许可，尽量选择一些专门的、与目标最匹配的众包平台，利用其长期积累的智力资源，最大限度地提高众包项目的执行率。例如，大数据分析任务，需要考虑如 Kaggle 这类专门从事大数据分析类的众包平台。在发布众包信息时，要考虑到发布区间的活跃度，如社区的人气指数、众包项目生存期等。同时，也要注意排除语种的限制，网站或网页要提供多种语种的支持，扩大众包信息的受众面。也可以适当地做些推广工作，利用社交媒体和电子邮件等多渠道传达给支持者。

第四节　参与产业竞争态势监测众包的影响因素

基于大数据的产业竞争态势分析与监测的关键是解决大数据的分析与处理问题。因此，如何从外部吸引人才，使他们参与大数据分析与创新过程，是促进大数据众包持续深入展开的重要课题。本节以如何吸引用户参与大数据众包活动为研究对象，在调查和分析当前对众包模式的研究的基础上，结合大数据分析的实际，提炼出影响用户参与大数据众包活动的意愿和影响因素；然后，综合社会认知理论（social cognitive theory，SCT）、技术接受模型（technology acceptance model，TAM）、动机理论（motivation theory），构建了基于个体动机、技术驱动和促成因素的实证模型，并以问卷调查方法，从定量研究的角度验证相关假设，分析了个体动机、技术驱动和促成因素对用户参与大数据众包活动的影响，为促进用户参与大数据众包活动提供了有效的科学依据。

一、研究模型与理论假设

用户参与大数据众包活动是信息用户行为研究的新方向，对这个问题的分析研究不能仅停留在单一学科的范畴内，因此，我们需要综合管理学、行为学、社会心理学、经济学等一些重要理论，将这些理论融入我们的研究。

社会认知理论强调个体行为、主体认知和社区环境三者是动态交互影响的。其中，自我效能是主体认知的主要组成部分之一，是指人们对自我组织和控制预期行为的能力的信念将影响个体做出何种决定、采取何种行为。此外，社区环境在用户的参与行为中也扮演着重要的角色（尚永辉等，2012）。相对于其他众包活动显得较为复杂的大数据众包活动更能体现用户对自我的心理、个性、品质的认知（如动机、情感等），以及用户对自己与其他用户的各种双方关系的认知（如合作、竞争关系等）。因此，社会认知理论对于用户参与大数据众包活动具有一定的解释作用。

TAM 是由 Davis（1989）在理性行为理论研究基础上提出的。他最初是在信息系统和计算机技术领域提出且将其用于解释和预测人们对信息技术的接受程度。随着信息技术的不断进步，TAM 不断综合各个理论，不断完善，从而解释能力不断提高。TAM 提出了两个主要的决定因素：①感知有用性（perceived usefulness），即使用某个信息系统后工作绩效的提高程度；②感知易用性（perceived ease of use），即使用某个信息系统的容易程度。大数据众包活动的发包方需要借助平台或中介发布任务，接包方（即用户）也需要通过该平台或中介接受并参加任务，若某接包方（即用户）成功完成众包活动，将会得到平台给予的精神或物质奖励。用户参与大数据众包活动的过程也就是发包方与众包平台、众包平台与接包方两两交互的过程，因此，包括感知有用性和感知易用性在内的 TAM 也是影响用户参与行为的一个重要部分。

动机理论认为，人们的行为都是出于一定的动机。该理论强调既要注重外在诱因和社区环境的影响，又要重视个体自身的内在原因（常静等，2009）。动机理论能够较为直接地从心理学和行为学角度研究信息用户行为的态度、行为意向和实际行为，从而能够揭示用户参与大数据众包活动的相关动因。

以往关于用户参与众包的动因研究更多的是偏重个体动机，当然，个体动机是其行为影响因素的主要方面，但是我们认为应该从更全面的角度来研究，通过对相关研究和理论背景的综述，我们将用户参与大数据众包活动的影响因素分成3 个维度，分别是个体动机、技术驱动和促成因素。其中个体动机又包括内在动机和外在动机，主要从行为学和心理学的角度来研究。技术驱动从感知有用性和感知易用性来研究影响用户参与的原因。促成因素主要是从众包规程和众包活动属性来揭示其影响作用。如图 6-3 所示。

在个体动机维度中，表示自信程度的自我效能、有效的外部奖励及内部最深层次的沉浸感，都会在一定程度上影响用户的参与行为。同时，包括感知娱乐性、虚拟社区感在内的一般内在动机对沉浸感的产生有一定的影响。本节将自我效能定义为用户完成活动的自信程度；外部奖励是给予参与众包活动的用户的刺激性奖励；沉浸感是指用户愿意持续参与众包活动的程度；感知娱乐性是用户感受到的愉悦性和趣味性的程度；虚拟社区感是指用户在活动中的主观感受。基于此，本节提出如下假设。

H1a：感知娱乐性对沉浸感的形成产生正向的影响。

H1b：虚拟社区感对沉浸感的形成产生正向的影响。

H4：外部奖励对用户参与行为产生正向的影响。

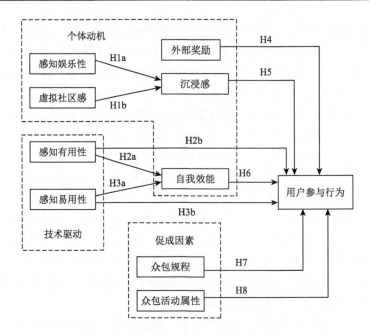

图 6-3　众包社区用户参与行为的实证模型

H5：沉浸感对用户参与行为产生正向的影响。

H6：自我效能对用户参与行为产生正向的影响。

在技术驱动维度中，感知有用性、感知易用性是其最主要的两个影响因素。TAM 在不同学科、不同领域的研究结果表明感知有用性和感知易用性对行为意向都存在积极影响。同时，这两个影响因子对自我效能都有一定的影响。本节将感知有用性定义为用户认为众包活动能给予其各种相关利益的程度；将感知易用性定义为用户认为参与众包活动的容易程度。基于此，本节提出如下假设。

H2a：感知有用性对自我效能产生正向的影响。

H2b：感知有用性对用户参与行为产生正向的影响。

H3a：感知易用性对自我效能产生正向的影响。

H3b：感知易用性对用户参与行为产生正向的影响。

在促成因素维度中，众包活动属性和众包规程是其重要的因素。本节将众包规程定义为众包平台制定的一些规则章程，将众包活动属性定义为发包方为该活动特意设置的一些激励因素。公平透明的众包规程可以吸引更多的参与者，良好的众包活动属性可以激励更多用户参与。基于此，本节提出如下假设。

H7：众包规程对用户参与行为产生正向的影响。

H8：众包活动属性对用户参与行为产生正向的影响。

二、研究方法与数据收集

为了验证实证模型中提出的假设，我们综合了大量国内外文献已用过的量表，再根据我们的研究目的对其加以修改，将其作为问卷调查的工具，以此来保证问卷的信度和效度。例如，我们借鉴了 Davis（1989）的关于 TAM 中感知有用性和感知易用性的量表；Venkatesh 等（2003）的绩效期望、努力期望和促进条件方面的量表；Venkatesh 和 Davis（2000）及 Brabham（2010a，2010b）关于内外部动机方面的量表；McKnight 和 Chervany（2001）与 Hsu 和 Lin（2008）关于信任的经典量表；Choi 和 Kim（2004）关于虚拟社区感的量表；Novak 等（2000）关于沉浸感的量表。在设计好问题后，先后将问卷送请 5 位长期参与众包的资深用户和一些来自不同专业的大学生进行审阅，并咨询用户对问卷的意见，根据访谈结果，对各指标问题进行了修饰和完善，以尽量保证问题测量的有效性，最终得到一个含有 27 个问题的量表，每个指标采用利克特量表的计量方法，答案是从1（非常不同意）到 5（非常同意），如表 6-2 所示。

表 6-2　各变量量表

变量名称	编号	指标
感知娱乐性	GY1	参与众包活动让我从中获得很多乐趣
	GY2	参与众包活动是一件让人感觉享受的消遣活动
	GY3	众包活动让我充满好奇且乐于尝试
虚拟社区感	XS1	参与众包活动让我有一定的归属感
	XS2	参与众包活动让我有一定的责任感
感知有用性	PU1	众包活动可以使我获得有价值的信息
	PU2	参与活动的过程可以提高我的相关能力和技能
感知易用性	PE1	掌握众包活动的整个流程对我来说是容易的
	PE2	参与众包活动需要花费我很少的精力
	PE3	很容易学会如何使用众包活动的各个操作环节
众包活动属性	FC1	众包活动提供了关于如何参与任务和进行交易的操作说明信息
	FC2	众包活动提供了大众和发包方之间进行沟通的功能
众包规程	CE1	众包活动会兼顾参与者的利益
	CE2	众包活动会遵守对用户的承诺
	CE3	众包活动中的成员都是彼此信任的
沉浸感	CJ1	当参与众包活动时我会忘记周围的环境

续表

变量名称	编号	指标
沉浸感	CJ2	我时常会觉得参与众包活动是我生活的一部分
	CJ3	我时常觉得我离不开我所在的众包活动
外部奖励	EA1	众包活动给我提供了赚取额外收入的机会
	EA2	参与众包活动能够提升我的能力等级
	EA3	参与众包活动能够为我带来更多的声望和认同
自我效能	SE1	我对于自己参与众包活动的能力很自信
	SE2	我对于自己在众包活动与人分享有价值信息的能力很自信
	SE3	我觉得我可以胜任很多众包活动
用户参与行为	PB1	我以后会继续努力融入众包活动，而不是准备离开
	PB2	未来我会对众包活动继续保持较高的参与度
	PB3	如果有机会，我会邀请我的朋友一起参与到众包活动中来

注：GY＝感知娱乐性；XS＝虚拟社区感；PU＝感知有用性；PE＝感知易用性；FC＝众包活动属性；CE＝众包规程；CJ＝沉浸感；EA＝外部奖励；SE＝自我效能；PB＝用户参与行为

我们主要是对大众智慧这种众包类型的用户参与行为进行调查研究（大众智慧是指通过众包平台，利用大众多元、丰富的智慧来解决疑难杂症）。研究目的是了解影响用户参与大数据众包活动的主要动因及其影响因素，因此，我们的研究对象可以既包括线上的用户，也包括线下的用户。线上用户主要是指一些参与众包活动的在线用户，如猪八戒网、任务中国等众包平台的参与者。线下用户是指现场采访的人，并且我们围绕主题对线下用户进行了深度访谈。

为了提高数据的有效性，笔者对调查对象做了一些限制（这一限制主要是针对现场访谈的人），要求用户至少对众包活动有所了解，最好是参加过相关的众包活动，甚至是大数据众包活动（如数据录入、清除和验证，数据标记，数据规范，情感分析等）。通过访谈现场、在线留言、QQ 即时通信软件和邮件的方式发送问卷并采用方便抽样的方法。通过猪八戒网收回线上用户的有效问卷 86 份，现场收回有效问卷 106 份（现场总共发放 250 份），最终有效问卷数为 192 份。在样本中，用户年龄在 18～25 岁的占了 84.4%，大学本科学历的占了 82.3%，这说明我们的调查对象绝大部分是"数字原住民"，且具备较好的学习能力和知识素养。53.1%的用户都中过标，说明样本的典型性较强。

三、数据分析

信度与效度检验采用结构方程模型对实证模型中的假设进行检验，分析软件分别为 SPSS13.0 和 PLS-Graph3.0。在检验实证模型前，首先利用验证性因子分析去测度研究中的 27 个题项的信度和效度。利克特量表通常利用测度内部数据一致性克龙巴赫 α 系数和组合信度（composite reliability，CR）系数对量表进行信度检验。通常来说，当克龙巴赫 α 系数大于 0.7，表明因子具有较好的可靠性；当 CR 系数大于 0.7 时，表明因子的指标信度较好（赵宇翔和朱庆华，2010）。

　　从表 6-3 中可以看出，我们研究的变量基本上满足上述两个条件，这表明问卷是可靠的，具有相当程度的内部一致性。同时我们也注意到有 4 个变量的克龙巴赫 α 系数在 0.60～0.70，信度不是特别好，但这也属于可以接受的范围。

表 6-3　验证性因子的信度分析

因子	度量指标	因子负载	CR 系数	克龙巴赫 α 系数	平均方差提取值
GY	GY1	0.7683	0.839	0.714	0.635
	GY2	0.8101			
	GY3	0.8123			
XS	XS1	0.9507	0.896	0.780	0.811
	XS2	0.8480			
CJ	CJ1	0.6234	0.827	0.708	0.619
	CJ2	0.8641			
	CJ3	0.8501			
PU	PU1	0.7809	0.837	0.625	0.721
	PU2	0.9126			
PE	PE1	0.7878	0.808	0.644	0.584
	PE2	0.7500			
	PE3	0.7554			
SE	SE1	0.7906	0.848	0.730	0.651
	SE2	0.8340			
	SE3	0.7952			
EA	EA1	0.8172	0.841	0.706	0.638
	EA2	0.7834			
	EA3	0.7950			
PB	PB1	0.8140	0.865	0.766	0.680
	PB2	0.8346			
	PB3	0.8255			

续表

因子	度量指标	因子负载	CR 系数	克龙巴赫 α 系数	平均方差提取值
FC	FC1	0.8479	0.866	0.692	0.763
	FC2	0.8989			
CE	CE1	0.7521	0.794	0.631	0.567
	CE2	0.8671			
	CE3	0.6186			

注：GY = 感知娱乐性；XS = 虚拟社区感；CJ = 沉浸感；PU = 感知有用性；PE = 感知易用性；SE = 自我效能；EA = 外部奖励；PB = 用户参与行为；FC = 众包活动属性；CE = 众包规程

我们采用平均变异萃取量（average variance extracted，AVE）来检验模型的收敛效度和区别效度。一般认为，若各因子的 AVE 值都大于 0.5（即 AVE 的平方根大于 0.707），则表明该模型的收敛效度较好；若 AVE 的平方根值均大于该因子与其他因子间的相关系数，则表明该模型的区别效度较好。

从表 6-4 中可以看出，位于对角线上的 AVE 的平方根值均大于 0.707（表 6-3 中也可以看出 AVE 值均大于 0.5），且因子之间的相关系数均小于 AVE 的平方根值。因此，问卷具有较好的效度。

表 6-4　验证性因子的效度分析

因子	PU	FC	PE	XS	CE	GY	CJ	EA	SE	PB
PU	0.849									
FC	0.369	0.873								
PE	0.256	0.564	0.764							
XS	0.384	0.345	0.326	0.901						
CE	0.343	0.400	0.314	0.323	0.753					
GY	0.345	0.414	0.360	0.683	0.293	0.797				
CJ	0.118	0.138	0.258	0.278	0.337	0.188	0.787			
EA	0.337	0.226	0.281	0.224	0.438	0.143	0.512	0.799		
SE	0.296	0.330	0.322	0.312	0.428	0.223	0.445	0.534	0.807	
PB	0.434	0.331	0.350	0.200	0.436	0.347	0.365	0.483	0.467	0.825

注：PU = 感知有用性；FC = 众包活动属性；PE = 感知易用性；XS = 虚拟社区感；CE = 众包规程；GY = 感知娱乐性；CJ = 沉浸感；EA = 外部奖励；SE = 自我效能；PB = 用户参与行为

四、结果分析

运用 PLS-Graph 3.0 软件来计算实证模型中的各条路径系数和回归方差，结果如图 6-4 所示。前面 11 个假设大部分都得到支持，此外，用户参与行为被前因变量解释达到 40.1%，总体来说，本书的模型解释力达到了较高水平。

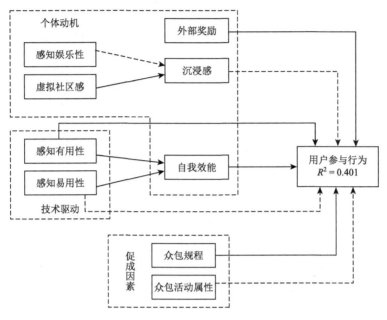

图 6-4　结构模型分析结果

实线箭头表示显著，虚线箭头表示不显著

在个体动机维度中，外部奖励和自我效能对用户参与行为都产生正向的影响。其中众包活动的外部奖励既可以是物质奖励，也可以是精神奖励，同时可以是实体的，也可以是虚拟的。除了金钱收入外，成功的众包活动还可以提升声望，带来荣誉。当然，金钱可以是实实在在的现金，也可以是众包平台上的虚拟货币和积分等级。这些因素积极地影响着用户参与行为。此外，自我效能即用户完成活动的自信程度对用户参与行为的影响也不容小觑，产生正面效应。同时，我们也发现沉浸感对用户参与行为的影响并不显著。这可能跟以下两个方面有关：①我们生活在网络全球化时代，每天都在接触各式各样的新事物，多变的环境可能会使用户兴趣和关注对象发生迁移，导致众包用户参与行为中断。②大同小异且数量众多的众包活动缺乏足够强大的吸引力，没有特色，致使用户无法全身心地参与。所以，沉浸感这个影响因素对用户的激励不是特别大。此外，感知娱乐性对沉浸感的影响特别不显著，这表明众包活动带来的一些乐趣、娱乐无法使用户真正产生沉浸感，用户可能更多需要的是有内涵、有意义的内容。

在技术驱动维度中，感知有用性对用户参与行为有积极的影响，这表明在众包活动中潜在的巨大价值对用户参与行为有显著影响。但是，我们也注意到感知易用性对用户参与行为的影响并不显著，究其原因，有以下三个方面：①我们调查对象大部分都是"数字原住民"，出生在互联网时代，对网络系统操作相当了解，因此，众包活动的整个流程是否容易、是否需要很大精力对其没有显著影响。②某些用户实际上并不会考虑或者不能很好地衡量参与某个众包活动是否是容易的，是否会花费自己大量的时间和精力。③用户考虑更多的是能否从众包活动中获益，因此，不管该众包活动是否容易，只要对用户有益处，都不会影响其积极参与。所以，感知易用性这个因素对于用户参与行为来说并没有那么强的影响力。此外，感知有用性和感知易用性对自我效能都有正向影响，这说明众包活动带来更大的价值和用更少的时间及精力完成众包活动都能提升用户的自信程度。

在促成因素维度中，众包规程对用户参与行为有积极影响，这表明用户希望所参与的众包活动是互惠、公平的。这也间接反映出用户更注重众包活动的内在质量。在如今的数据时代，众包活动处于高速发展期，存在一味追求数量，而忽略了其内在环境建设的现象。众包活动属性对用户参与行为的影响并不显著，原因如下：①发包方不了解或不重视对众包活动的属性设置，对其没有进行过研究。②有些已经设置好的属性并不能较好地平衡用户与发包方之间的利益。所以，一些众包活动的属性无法改变用户行为。

五、结论与启示

众包是大数据时代的新产物，而用户参与大数据众包活动更是信息用户研究的新方向。基于调查，我们对众包活动有如下一些建议。

在个体动机方面，众包活动应该有自己的特色，内容充实丰富且具有一定的意义，不能只是供用户消遣和享乐，而要让用户觉得该社区是有实质性内涵的，能让用户沉浸其中，增强其忠诚度。此外，外部奖励是激励用户参与的重要外部动机，因此发包方在制定众包活动奖金时，应综合考虑，进行一定的调查和评估，最终得出一个合理的价位，从而促使用户积极参与。

在技术驱动方面，众包活动更应该注重价值性建设，明确成功参与众包活动会给用户带来的收益，以此来激励用户参与和提升用户的自信。此外，参与众包活动的用户基本上都具有某一方面才能，而且具有强烈的学习欲望。众包平台不仅可以与一些企业的人力资源部合作，使得该平台上的优秀用户优先得到推荐，增加其就业机会，而且可以在平台上专门设置一个知识分享区域，供用户学习参考，提升技能。

在促成因素方面，众包活动的建设要从数量转向内在质量，注重活动的内部环境，竭力保护用户的智力资本和权益不受侵犯，要让用户深信该众包活动是值得信赖的。此外，有必要根据众包活动的目标对活动属性采取针对性的配置措施。

第五节　本 章 小 结

首先，本章分析了产业竞争态势监测面临的挑战，包括大数据技术情报人才匮乏、成本激增、资金紧张、组织结构封闭、缺乏创新意识。其次，本章提出了产业竞争态势监测系统的众包运行机制，详细分析了产业竞争态势监测系统众包模式应注意的关键环节。最后，本章以如何吸引用户参与大数据众包活动为研究对象，在调查和分析当前对众包模式的研究的基础上，结合大数据分析的实际，提炼出了影响用户参与大数据众包活动的意愿和影响因素。

第七章　结论与展望

第一节　主　要　结　论

本书基于大数据的产业竞争态势动态监测及其关键方法，深入剖析了大数据分析和挖掘技术在产业竞争态势动态监测中的应用途径，探索了众包在大数据时代的竞争情报工作中的运行机制及影响用户参与大数据众包意愿的因素。经过深入研究，得出了如下重要结论。

（1）多源的大数据为产业竞争态势分析提供了足够的观察数据样本，近乎全样本的情报数据源可以帮助企业从不同视角进行全方位的产业竞争态势分析。全样本的情报分析也使得其结果更加逼近客观事实，据此做出的决策更具有效用。

（2）多样化的模型增加了竞争情报系统的复杂性。如何规范化地表示和描述竞争情报系统，有效地减少模型表示的冗余及前后概念不一致现象，实现竞争情报系统中模型的统一化管理，成为竞争情报系统研究和建设中亟须关注的重要内容。

（3）数据质量在竞争情报活动中有着非常重要的作用，是实现大数据价值的基础，有必要围绕数据质量管理展开深入的研究，在理论上建立起数据质量控制的参考模型。

（4）大数据环境下产业竞争态势监测要求有敏锐的洞察力、智能的分析能力、准确的预测能力、强大的融合能力、多样的可视化能力。

（5）众包是互联网带来的新的生产组织形式，具有工作开放性、大众参与性、组织无边界、智慧创新性，是大数据时代企业竞争情报实现创新升级的一条有效而可行的途径。

（6）在个体动机方面，众包活动应该有自己的特色；在技术驱动方面，众包活动更应该注重价值性建设；在促成因素方面，众包活动的建设要从数量转向内在质量。

第二节　研究的主要贡献

本书的主要贡献体现在以下 4 个方面。

（1）系统地开展了基于大数据的产业竞争态势监测的相关研究。本书运用各种理论研究和研究手段，科学系统地研究了基于大数据的产业竞争态势监测中的各种关键问题，包括监测的指标、监测的范围、监测的内容、监测的方法、数据质量控制及大数据竞争情报系统的众包运行机制问题。尽管当前对产业竞争情报和大数据的研究成果比较丰富，但是两者相融合的交叉性研究成果并不多见，对大数据环境下的产业竞争态势监测进行全面系统研究的成果更是鲜见，因此本书正是对此领域研究的重要理论补充。

（2）构建了用于保证情报质量的大数据质量控制体系。综合吸收了全面质量管理、ISO 相关质量标准、数据生命周期理论、大数据理论等方面的理论思想和研究成果，以全面质量管理为基础，以系统观来构建数据持续改进的数据质量管理体系；以 ISO 相关质量标准的循环来界定数据质量度量的指标；以数据生命周期理论中定义的数据/信息管理流程、数据质量管理流程、数据生命周期的概念和过程来定义和细分数据质量管理的过程；以大数据理论来构筑数据质量控制的平台和数据科学家参与的包括数据质量控制委员会、数据质量控制工作组和数据科学家在内的多层数据质量控制组织体系。

（3）构建了基于 360°的产业竞争态势监测模型。产业竞争态势的动态监控要实时地跟踪和检测影响产业竞争格局的各种因素，构建一个全面动态的产业竞争态势跟踪和预警系统。在波特五力模型的基础上，构建了产业竞争态势 360°监测模型，将要监测的范围分为上、下、左、右、前、后等 6 个维度。这是对当前竞争情报研究体系的重要创新。

（4）提出了企业竞争情报众包的运行模式。将其他研究领域提出的众包模型首次引入竞争情报研究领域，并结合企业竞争情报工作的实践，提炼出企业竞争情报众包的运行模型。该模型对于大数据复杂环境下如何低成本地进行产业竞争态势监测具有重要的指导意义。

第三节　研究局限和未来研究方向

产业竞争态势分析与监测涉及很多学科，属于一个综合的研究领域，开展产业竞争态势分析的方法与技术比较多，受学识和时间的影响，有一些方法和技术在本书中未得到充分应用，导致本书仍存在局限性，但同时也提供了未来的研究方向。

（1）本书虽然提出了产业竞争态势 360°监测模型，但在动态预警方面还不完善。静态的分析可以感知竞争的格局，但动态的预警却可以帮助企业提前做出判断。如何利用大数据技术及方法进行动态预警是未来需要重点研究的方面。

（2）本书虽然对产业竞争态势的数据采集进行了探讨，并构建了数据采集的基本框架，但主要是从理论上进行分析，没有通过实验去验证。总体来说，我们在这方面的研究还很不充分，需要进一步对其深入探索。

（3）本书对产业竞争态势监测的方法进行了梳理，构建了产业竞争态势监测的方法体系，并完成了基于专利的产业竞争态势分析的实例研究，但受到实验条件的限制，对其他监测方法的研究和探索不够，可在今后研究中扩展研究的范围，获得更真实和更全面的评估结果。

参 考 文 献

巴志超，杨子江，朱世伟，等. 2016. 基于关键词语义网络的领域主题演化分析方法研究[J]. 情报理论与实践，39（3）：67-72.

波特 M. 1997. 竞争战略[M]. 陈小悦，译. 北京：华夏出版社.

常静，杨建梅，欧瑞秋. 2009. 大众生产者的参与动机研究述评[J]. 科技管理研究，（5）：423-425.

陈峰. 2014. 产业竞争情报理论方法研究综述[J]. 情报理论与实践，37（10）：139-144.

陈峰，赵筱媛，郑彦宁. 2009. 从苹果汁案例看成功应对反倾销指控的竞争情报因素[J]. 图书情报工作，53（6）：62-65.

陈娟. 2013. 基于旅游生态位理论的丽江地区旅游竞争态势研究[J]. 中南林业科技大学学报，33（4）：117-120.

陈芊里，张禹. 2013. 竞争情报中的危机预警研究——以昆明市八街镇食用玫瑰产业为例[J]. 竞争情报，（1）：32-36.

陈文伟. 2010. 决策支持系统教程[M]. 2 版. 北京：清华大学出版社.

程正中. 2012. 项目管理实训教程[M]. 北京：清华大学出版社.

邓洁，余翔，崔利刚. 2013. 基于组合专利信息的技术竞争情报分析与实证研究[J]. 情报杂志，32（11）：6-10.

冯芷艳，郭迅华，曾大军，等. 2013. 大数据背景下商务管理研究若干前沿课题[J]. 管理科学学报，16（1）：1-9.

郭俊芳. 2016. 基于语义挖掘的技术创新路径分析与评价方法研究[D]. 北京：北京理工大学.

郭学武，张立超. 2012. 产业链主导范式下的产业竞争情报分析方法研究[J]. 图书馆学研究，3（11）：2-6，16.

郭正明，张素芳. 2011. 基于语义关联分析的战略技术信息分析方法[J]. 图书情报工作，55（20）：82-85.

韩贵义，夏天，胡锋. 2010. 基于基尼系数分解法的中国报表软件行业竞争态势研究[J]. 管理评论，22（11）：88-92，110.

韩雪冰，吴学彦，戴磊. 2014. 基于专利分析的我国固体激光器领域现状与发展对策研究[J]. 现代情报，34（1）：132-136.

何超，张玉峰. 2013. 基于语义关联分析的商务情报分析算法研究[J]. 情报杂志，32（4）：134-137.

何非，何克清. 2014. 大数据及其科学问题与方法的探讨[J]. 武汉大学学报（理学版），60（1）：1-12.

胡荣磊，芮璐，齐筱，等. 2019. 基于循环神经网络和注意力模型的文本情感分析[J]. 计算机应用研究，36（11）：3282-3285.

黄晓斌，钟辉新. 2012. 大数据时代企业竞争情报研究的创新与发展[J]. 图书与情报，（6）：9-14.

黄晓斌，钟辉新. 2013. 基于大数据的企业竞争情报系统模型构建[J]. 情报杂志，32（3）：37-43.

蒋海龙，魏瑞斌. 2013. 国内电动汽车专利计量分析[J]. 现代情报，33（3）：168-172.

蒋江涛. 2014. 社交网络中基于地理位置特征的社团发现方法研究与实现[D]. 北京：北京航空航天大学.

金俣昕. 2009. 共链分析用于管理咨询业竞争态势研究[J]. 情报杂志，28（11）：23-26.

李春秀. 2010. LTE 技术全球专利申请状况分析[J]. 电子知识产权，（10）：89-94.

李登杰，翟东升，冯秀珍，等. 2015. 基于动态网络的中药制剂技术创新网络演化研究[J]. 情报学报，34（11）：1164-1172.

李广建，杨林. 2012. 大数据视角下的情报研究与情报研究技术[J]. 图书与情报，（6）：1-8.

李国杰. 2012. 大数据研究的科学价值[J]. 中国计算机学会通讯，8（9）：8-15.

李健，史浩. 2014. 大数据背景下再制造闭环供应链竞争情报系统研究[J]. 图书情报工作，58（2）：96-101.

李静，徐路路，赵素君. 2019. 基于时间序列分析和 SVM 模型的基金项目新兴主题趋势预测与可视化研究[J]. 情报理论与实践，42（1）：118-123，152.

李军舰，王以群. 2007. 竞争情报的模糊态势分析[J]. 情报科学，25（11）：1664-1667.

李培哲，菅利荣，刘勇. 2018. 卫星及应用产业产学研专利合作网络结构特性及演化分析——基于社会网络视角[J]. 情报杂志，37（11）：55-61.

李未，郎波. 2010. 一种非结构化数据库的四面体数据模型[J]. 中国科学：信息科学，（8）：1039-1053.

梁晓婷，盛小平. 2013. 基于专利计量与可视化的搜索引擎技术发展态势研究[J]. 情报科学，31（3）：117-120.

廖君华，孙克迎，钟丽霞. 2013. 一种基于时序主题模型的网络热点话题演化分析系统[J]. 图书情报工作，57（9）：96-102，118.

刘冰，卢爽. 2011. 基于用户体验的信息质量综合评价体系研究[J]. 图书情报工作，（22）：56-59.

刘东，苏兰军，高玉峰. 1998. 基于数据仓库的联机决策情报分析技术研究[J]. 情报学报，（1）：51-55.

刘刚，高迪，付薇薇，等. 2018. 半监督学习的用电客户价值评价建模[J]. 情报工程，4（3）：113-126.

刘高勇，吴金红，汪会玲. 2014. 基于专利技术关联的产业竞争格局解析方法研究[J]. 情报杂志，33（8）：48-51，91.

刘帅. 2016. 安徽省战略性新兴产业竞争情报服务模式研究[D]. 蚌埠：安徽财经大学.

刘素华，史敏，刘瑛，等. 2010. 产业跟踪路线图方法——以湖南省有色金属产业为例[J]. 图书情报工作，54（24）：22-26.

刘新雯. 2018. 基于综合改进随机森林算法的中国财政风险预警研究[J]. 计算机应用与软件，35（9）：73-78，84.

刘雄洲，王菲. 2012. 国外数据存管实施现状及其对国内高校图书馆的启示[J]. 图书馆，（5）：81-83.

刘增明，陈运非，蒋海青. 2014. 基于 PCA-BP 神经网络方法的供应商选择[J]. 工业工程与管理，19（1）：53-57，64.

刘志辉，赵筱媛. 2012. 基于专利形态相似性的竞争态势分析方法研究[J]. 情报理论与实践，35（6）：67-69，66.

刘志辉，赵筱媛，杨阳. 2011. 基于网络关系整合的竞争态势分析方法[J]. 图书情报工作，55（20）：64-67.

鲁晶晶，邓勇，张立超. 2010. 产业链视角下的产业竞争情报分析框架研究[J]. 情报杂志，29（12）：44-48.

吕冬煜，党齐民. 2005. 基于文本挖掘的可视化竞争情报提取[J]. 计算机应用与软件，22（2）：50-51，135.

马丽娜. 2009. 国内竞争情报可靠性评估研究综述[J]. 农业图书情报学刊，21（12）：18-21.

马帅，李建欣，胡春明. 2012. 大数据科学与工程的挑战与思考[J]. 中国计算机学会通讯，8（9）：22-30.

马妍，蔡淑琴. 2003. 基于数据仓库技术的企业财务情报系统的设计[J]. 情报杂志，（2）：5-6，9.

迈尔-舍恩伯格 V，库克耶 K. 2013. 大数据时代[M]. 周涛，等译. 杭州：浙江人民出版社.

孟小峰，慈祥. 2013. 大数据管理：概念、技术与挑战[J]. 计算机研究与发展，50（1）：146-169.

缪小明，汤松. 2013. 基于专利地图的混合动力汽车技术路线研究[J]. 情报杂志，32（5）：73-76.

齐建超，刘慧平，高啸峰. 2017. 基于自组织映射法的时间序列土地利用变化的时空可视化[J]. 地球信息科学学报，19（6）：792-799.

钱鹏. 2012. 高校科学数据管理研究[D]. 南京：南京大学.

覃雄派，王会举，杜小勇，等. 2012. 大数据分析——RDBMS 与 MapReduce 的竞争与共生[J]. 软件学报，23（1）：32-45.

裘江南，翁楠，徐胜国. 2012. 基于 C4.5 的维基百科页面信息质量评价模型研究[J]. 情报学报，（12）：1259-1264.

冉华，周立春. 2015. 2007—2013 广播、电视与网络媒介产业间的竞争态势——基于生态位理论与受众资源的实证分析[J]. 现代传播（中国传媒大学学报），37（11）：5-12.

尚永辉，艾时钟，王凤艳. 2012. 基于社会认知理论的虚拟社区成员知识共享行为实证研究[J]. 科技进步与对策，29（7）：127-132.

沈固朝. 2012. 信息系统还是情报系统？——刍议走进大数据时代的 CIS 建设[EB/OL]. https://www.docin.com/p-1775479390.html[2022-08-21].

沈杰，杨忠月，乔吉良. 2018. 基于季节性时间序列模型的林业产值预测分析[J]. 南京林业大学学报（自然科学版），42（5）：185-190.

施扬. 2007. 基于 SOM 的商业银行客户分类管理模型研究[J]. 科技广场，（12）：103-106.

史敏，肖雪葵. 2010. 应用于竞争情报的产业跟踪路线图研究[J]. 情报学报，29（1）：184-191.

史晓晨，顾力刚. 2011. 基于生态位理论的轿车生产企业竞争态势分析[J]. 企业经济，30（6）：57-60.

宋扬，潘云涛，赵筱媛. 2018. 基于专利情报分析的可穿戴设备上市公司技术竞争力[J]. 中国科技论坛，（6）：98-109.

孙琳. 2017. 浅谈用数据推动精准运营的解决方案[J]. 信息系统工程，（7）：40.

孙天阳，肖皓，孟渤，等. 2018. 制造业全球价值链网络的拓扑特征及影响因素——基于 WWZ 方法和社会网络的研究[J]. 管理评论，30（9）：49-60.

谭亮，周静. 2018. 基于 Spark Streaming 的实时交通数据处理平台[J]. 计算机系统应用，27（10）：133-139.

涂红湘，曾德超，乔姗姗，等. 2011. 论产业竞争情报策略联盟[J]. 科技情报开发与经济，21（26）：

99-102.

王康, 王晓慧. 2018. 产业技术创新战略联盟的技术竞争情报协同服务模式研究[J]. 情报科学, 36（10）: 54-57, 83.

王珊, 王会举, 覃雄派, 等. 2011. 架构大数据: 挑战、现状与展望[J]. 计算机学报, 34（10）: 1741-1752.

王先甲, 汪磊. 2012. 基于马氏距离的改进型 TOPSIS 在供应商选择中的应用[J]. 控制与决策, 27（10）: 1566-1570.

王元卓, 靳小龙, 程学旗. 2013. 网络大数据: 现状与展望[J]. 计算机学报,（6）: 1125-1138.

王知津, 葛琳琳. 2013. 竞争情报 SWOT 模型与 BCG 矩阵比较研究[J]. 图书与情报,（3）: 87-93.

王忠. 2012. 美国推动大数据技术发展的战略价值及启示[J]. 中国发展观察,（6）: 44-45.

魏拴成. 2010. 众包的理念以及我国企业众包商业模式设计[J]. 技术经济与管理研究,（1）: 36-39.

翁银娇, 马文聪, 叶阳平, 等. 2018. 基于专利分析的我国 LED 上市公司竞合关系研究[J]. 科技管理研究, 38（8）: 124-130.

吴方, 王济干, 吴凤平. 2018. 碳排放权文献基础与国际发展态势的可视化研究——基于科学知识图谱分析[J]. 河海大学学报（哲学社会科学版）, 20（4）: 52-59, 92.

吴金红, 陈强, 张玉峰. 2014. 基于众包的企业竞争情报工作模式创新研究[J]. 情报理论与实践, 37（1）: 90-93, 115.

吴金红, 陈强, 张玉峰. 2015a. 基于 Mega 模型的竞争情报系统模块表示与组合方法研究[J]. 情报学报, 34（4）: 380-387.

吴金红, 陈强, 周磊. 2015b. 基于专利计量与可视化的 LTE 领域竞争态势分析[J]. 现代情报, 35（1）: 104-107, 113.

吴金红, 陈勇跃, 胡慕海. 2016. e-Science 环境下科学数据监管中的质量控制模型研究[J]. 情报学报, 35（3）: 237-245.

吴金红, 张飞, 鞠秀芳. 2013. 大数据: 企业竞争情报的机遇、挑战及对策研究[J]. 情报杂志, 32（1）: 5-9.

肖岚, 高长春. 2010. "众包"改变企业创新模式[J]. 上海经济研究,（3）: 40-41.

许冠南, 谢梦娇, 潘美娟, 等. 2016. 3D 打印产业技术的演变与预测研究——基于专利主路径分析[J]. 北京邮电大学学报（社会科学版）, 18（4）: 77-85.

许鑫, 郭金龙, 姚占雷. 2012. 基于 Web 文本挖掘的行业态势分析——以 2011 上海车展为例[J]. 图书情报工作, 56（16）: 25-31.

严贝妮, 王知津, 周贺来. 2010. 基于战争游戏法的竞争情报动态分析模型构建[J]. 图书情报工作, 54（22）: 11-15.

杨栋枢, 杨德胜. 2013. 基于熵权和层次分析法的数据质量评估研究[J]. 现代电子技术, 36（22）: 39-42.

杨冠灿, 刘彤. 2012. 基于隶属网络的竞争态势分析方法研究——以 WI-FI 联盟认证产品为例[J]. 图书情报工作, 56（10）: 81-88, 137.

杨宇田. 2017. 商务社交网络的竞争情报分析: 以 LinkedIn 为例[C]//谢威. "科技情报发展助力科技创新中心建设"论坛论文集. 北京: 2017 年北京科学技术情报学会年会: 111-117.

叶伟巍, 朱凌. 2012. 面向创新的网络众包模式特征及实现路径研究[J]. 科学学研究, 30（1）:

145-151.

郁伟生, 邓伟, 张瑶, 等. 2018. 基于时间序列的音乐流行趋势预测研究[J]. 计算机工程与科学, 40 (9): 1703-1709.

袁满, 张雪. 2013. 一种基于规则的数据质量评价模型[J]. 计算机技术与发展, 23 (3): 81-84, 89.

袁晓东, 陈静. 2013. 基于专利分析的 LED 企业竞合关系研究[J]. 科研管理, 34 (7): 78-86.

袁宇, 关涛, 闫相斌, 等. 2014. 基于混合 VIKOR 方法的供应商选择决策模型[J]. 控制与决策, 29 (3): 551-560.

曾进. 2008. 商业银行竞争态势分析[J]. 统计与决策, (10): 133-135.

曾忠禄. 2017. 大数据分析: 方向、方法与工具[J]. 情报理论与实践, 40 (1): 1-5.

张凤歧. 2009. 众包的价值[J]. 电脑商报, (7): 27-37.

张海涛, 崔阳, 王丹, 等. 2018b. 基于概念格的在线健康社区用户画像研究[J]. 情报学报, 37 (9): 912-922.

张海涛, 王丹, 徐海玲, 等. 2018a. 基于卷积神经网络的微博舆情情感分类研究[J]. 情报学报, 37 (7): 695-702.

张红, 甘利人, 薛春香. 2012. 基于标签聚类的电子商务网站分类目录改善研究[J]. 现代情报, 32 (1): 3-7.

张剑豪. 2009. 基于潜在语义分析的军事情报检索系统的研究与实现[D]. 沈阳: 东北大学.

张立超, 房俊民, 高士雷. 2011. 基于产业竞争情报的产业风险预警体系构建研究[J]. 情报理论与实践, 34 (6): 69-73.

张乾君. 2011. 模糊聚类分析在企业竞争情报系统中的应用研究[D]. 西安: 西安电子科技大学.

张婷, 池慧, 欧阳昭连. 2018. 基于专利分析的手术机器人竞争态势研究[J]. 中国医学装备, 15 (7): 119-123.

张文建, 柏波. 2012. 基于众包的旅游咨询业创新研究[J]. 旅游论坛, 5 (3): 38-43.

张永艳. 2010. 应用层次分析法确定政府网站绩效评估指标的权重[J]. 现代商贸工业, (2): 239-241.

张玉峰, 吴金红, 王翠波. 2007. 基于 Web 结构挖掘的网络动态竞争情报采集研究[J]. 中国图书馆学报, (6): 62-64, 95.

张玉峰, 朱莹. 2006. 基于 Web 文本挖掘的企业竞争情报获取方法研究[J]. 情报理论与实践, (5): 563-566.

赵传君, 王素格, 李德玉. 2018. 基于集成深度迁移学习的多源跨领域情感分类[J]. 山西大学学报 (自然科学版), 41 (4): 709-717.

赵洁. 2010. Web 竞争情报可信性评价: 问题分析与研究框架[J]. 情报学报, (4): 586-596.

赵洁, 马铮, 王雪雅, 等. 2014. 面向战略性新兴产业的竞争情报服务: 需求分析与体系构建[J]. 情报理论与实践, 37 (6): 22-27.

赵磊, 王松. 2016. 基于 BP 神经网络的舆情热度趋势仿真模型研究[J]. 情报学报, 35 (9): 989-999.

赵筱媛, 郑彦宁, 周洋, 等. 2014. 产业竞争情报服务模式分析流程研究与应用[J]. 情报理论与实践, 37 (1): 74-78, 83.

赵宇翔, 朱庆华. 2010. Web 2.0 环境下影响用户生成内容动因的实证研究——以土豆网为例[J]. 情报学报, (3): 449-459.

郑彦宁, 刘志辉, 赵筱媛, 等. 2013. 基于多源信息与多元方法的产业竞争情报分析范式[J]. 情报学报，32（3）：228-234.

郑彦宁，赵筱媛，陈峰. 2009. 产业竞争情报的解析[J]. 情报学报，（6）：917-922.

郑彦宁，赵筱媛，陈峰，等. 2011. 产业竞争情报的基本问题：内涵、特征及其多元化供给[J]. 情报理论与实践，34（3）：1-5.

周锦峰，叶施仁，王晖. 2018. 基于速度优化卷积神经网络的文本情感分类[EB/OL]. https://www.doc88.com/p-5075007017023.html[2021-12-15].

周磊，张玉峰. 2013. 基于专利情报分析的企业合作竞争模式研究[J]. 情报学报，32（6）：593-600.

周朴雄，陈蓓蓉. 2017. 基于标签云系统共现分析的用户兴趣预测模型[J]. 情报杂志，36（5）：187-191.

朱东华，张嶷，汪雪锋，等. 2013. 大数据环境下技术创新管理方法研究[J]. 科学学与科学技术管理，（4）：172-180.

朱茂然，王奕磊，高松，等. 2018. 基于 LDA 模型的主题演化分析：以情报学文献为例[J]. 北京工业大学学报，（7）：1047-1053.

Bezivin J，Jouault F，Valduriez P. 2004. On the need for megamodels（preliminary draft）[EB/OL]. http://www.softmetaware.com/oopsla2004/bezivin-megamodel.pdf[2014-04-01].

Brabham D C. 2008. Crowdsourcing as amodel for problem solving：an introduction and cases[J]. Convergence：The International Journal of Research into New Media Technololgies，14（1）：75-90.

Brabham D C. 2010a. Moving the crowd at iStockphoto：the composition of the crowd and motivations for participation in a crowdsourcing application[EB/OL]. http://www.uic.edu/htbin/cgiwrap/bin/ojs/index.php/fm/article/view/2159/1969[2010-05-17].

Brabham D C. 2010b. Moving the crowd at threadless：motivations for participation in a crowdsourcing application[J]. Information，Communication & Society，13（8）：1122-1145.

Chanal V，Caron-Fasan M. 2008. How to invent a new business model based on crowdsourcing：the Crowdspirit ® case[EB/OL]. http://www.bmcommunity.sitew.com/fs/Root/8jv5l-Euram2008_Chanal_Caron.pdf[2021-12-14].

Choi D，Kim J. 2004. Why people continue to play online games：in search of critical design factors to increase customer loyalty to online contents[J]. Cyber Psychology & Behavior，7（1）：11-24.

D'Atri A，Ferrara M，George J F，et al. 2011. Information Technology and Innovation Trends in Organizations[M]. Heidelberg：Physica-Verlag.

Davis F D. 1989. Perceived usefulness，perceived ease of use，and user acceptance of information technology[J]. MIS Quarterly，13（3）：319-340.

DiPalantino D，Vojnovic M. 2009. Crowdsourcing and all pay auctions[EB/OL]. https://www.microsoft.com/en-us/research/wp-content/uploads/2016/02/MSR-TR-2009-09.pdf[2013-03-10].

Favre J，Nguyen T. 2004. Towards a megamodel to model software evolution through transformations [EB/OL]. http://citeseerx.ist.psu.edu/viewdoc/download?doi=10.1.1.58.8491&rep=rep1&type=pdf [2014-04-01].

Fritch J W. 2003. Heuristics，tools，and systems for evaluating Internet information：helping users accesses a tangled Web[J]. Online Information Review，27（5）：321-327.

Fritch J W，Cromwell R L. 2001. Evaluating Internet resources：identity，affiliation，and cognitive authority in a networked world[J]. Journal of the American Society for Information Science and Technology, 52 (6): 499-507.

Ginsberg J, Mohebbi M H, Patel R S, et al. 2009. Detecting influenza epidemics using search engine query data[J]. Nature, 457 (7232): 1012-1014.

Howe J. 2006a. The rise of crowdsourcing[J]. Wired Magazine, 14 (6): 176-183.

Howe J. 2006b. Gannett to crowdsource news[J]. Wired News, (6): 1-2.

Howe J. 2008. Crowdsourcing: Why the Power of the Crowd is Driving the Future of Business[M]. New York: Crown Publishing Group.

Hsu C L, Lin J C C. 2008. Acceptance of blog usage: the roles of technology acceptance, social influence and knowledge sharing motivation [J]. Information and Management, 45 (1): 65-74.

Lee S, Yoon B, Park Y. 2009. An approach to discovering new technology opportunities: keyword-based patent map approach[J]. Technovation, 29: 481-497.

Lesk M. 2008. Recycling information: science through data mining[J]. International Journal of Digital Curation, 3 (1): 154-157.

McAfee A, Brynjolfsson E. 2012. Big data: the management revolution[J]. Harvard Business Review, (10): 60-66, 68, 128.

McKnight D H, Chervany N L. 2001. What trust means in E-commerce customer telationships an interdisciplinary conceptual typology[J]. International Journal of Electronic Commerce, 6 (2): 35-59.

Meola M. 2004. Chucking the checklist: a contextual approach to teaching undergraduates web-site evaluation[J]. Portal: Libraries and the Academy, 4 (3): 331-344.

Nambissan S, Sawhney. 2007. The Global Brain[M]. Philadelphia: Wharton School Publishing.

Novak T P, Hoffman D L, Yung Y F. 2000. Measuring the customer experience in online environments: a structural modeling approach[J]. Marketing Science, 19 (1): 22-42.

Park H, Kim K, Choi S, et al. 2013. A patent intelligence system for strategic technology planning[J]. Expert Systems with Applications, 40 (7): 2373-2390.

Phythian M. 2009. Intelligence analysis today and tomorrow[J]. Security Challenges, 5 (1): 67-83.

Schenk E, Guittard C. 2009. Crowdsourcing: what can be outsourced to the crowd, and why?[EB/OL]. http://halshs.archives-ouvertes.fr/docs/00/43/92/56/PDF/Crowdsourcing_eng.pdf[2012-12-07].

Shao B J, Shi L, Xu B, et al. 2012. Factors affecting participation of solvers in crowdsourcing: an empirical study from China[J]. Electronic Markets, 22 (2): 73-82.

Sharma A. 2010. Crowdsourcing critical success factor model: strategies to harness the collective intelligence of the crowd[EB/OL]. https://irevolution.files.wordpress.com/2010/05/working-paper1.pdf[2022-08-21].

Shinno H, Yoshioka H, Marpaung S, et al. 2006. Quantitative SWOT analysis on global competitiveness of machine tool industry[J]. Journal of Engineering Design, 17 (3): 251-258.

Teece D J, Pisano G, Shuen A. 1997. Dynamic capabilities and strategic management[J]. Strategic Management Journal, 18 (7): 509-533.

Thrift N. 2006. Re-inventing invention: new tendencies in capitalist commodification[J]. Economy and Society, 35 (2): 279-306.

Vaughan L, You J. 2006. Comparing business competition positions based on Web co-link data: the global market vs. the Chinese market[J]. Scientometrics, 68 (3): 611-628.

Vaughan L, You J. 2010. Word co-occurrences on Webpages as a measure of the relatedness of organizations: a new Webometrics concept[J]. Journal of Informetrics, 4 (4): 483-491.

Venkatesh V, Davis F D. 2000. A theoretical extension of the technology acceptance model: four longitudinal field studies[J]. Management Science, 46 (2): 186-204.

Venkatesh V, Morris M G, Davis G B, et al. 2003. User acceptance of information technology: toward a unified view[J]. MIS Quarterly, 27 (3): 425-478.

Vogel T, Seibel A, Giese H. 2010. Toward megamodels at runtime[EB/OL]. http://citeseerx.ist.psu.edu/viewdoc/download?rep=rep1&type=pdf&doi=10.1.1.208.3949[2014-04-01].

Vukovic M. 2009. Crowdsourcing for enterprises[EB/OL]. http://sistemas-humano-computacionais.wdfiles.com/local--files/capitulo%3Aredes-sociais/vukovic2009.pdf[2022-05-13].

Wathen C N, Burkell J. 2002. Believe it or not: factors influencing credibility on the Web[J]. Journal of the American Society for Information Science and Technology, 53 (2): 134-144.

Wiederhold G, Wegner P, Ceri S. 1992. Towards megaprogramming: a paradigm for component-based programming[EB/OL]. http://citeseerx.ist.psu.edu/viewdoc/download?doi=10.1.1.37.4729&rep=rep1&type=pdf[2014-04-05].

Yüksel İ, Dağdeviren M. 2007. Using the analytic network process (ANP) in a SWOT analysis-a case study for a textile firm[J]. Information Sciences, 177 (16): 3364-3382.

Zhang P. 2008. Motivational affordances: reasons for ICT design and use [J]. Communications of the ACM, 51 (11): 145-147.

附录　大数据环境下用户参与众包项目的行为研究问卷

亲爱的朋友:

非常感谢您在百忙之中抽出时间参与填写此次问卷。本问卷的目的是想了解哪些因素会影响众包用户在大数据环境下的行为。本问卷没有对错之分,采用完全匿名的方式。我们保证所收集的数据仅用于学术研究,对您的个人资料我们会严格保密。

请您如实回答所有问题,本问卷大约需要 5 分钟。感谢您的支持与合作。

(温馨提示:众包活动就好比是百度知道,别人提出问题,你参与回答问题。中标次数就是你的答案被采纳的次数。而且中标者会得到物质或精神上的奖励。)

一、用户基本信息

1. 您的性别

A 男　　　　　　　　　　　　　B 女

2. 您的年龄

A 18 岁以下　　　　　　　B 18~24 岁　　　　　　　C 25~35 岁

D 36~50 岁　　　　　　　E 50 岁以上

3. 您正在攻读或已获得的最高学历

A 高中及以下　　　　　　B 大专　　　　　　　C 大学本科

D 硕士研究生　　　　　　E 博士研究生及以上

4. 您目前的职业

A 学生　　　　　　　　　　B 通信、计算机、互联网

C 教育、培训、科研、院校　　D 金融业(保险、银行)

E 制造业　　　　　　　　　F 服务业(文娱、旅游、医疗)

G 其他

5. 您的月收入水平

A 1000 元以下　　　　　　　B 1000~3000 元

C 3001~5000 元　　　　　　D 5000 元以上

6. 您平均每天在网上停留时间

A 2 小时以下　　　　　　　B 2~4 小时　　　　　　　C 4~6 小时

D 6~8 小时　　　　　　　E 8 小时以上

7. 您的中标次数是

A 没有中过　　　　B 1~5 次　　　　C 6~10 次　　　　D 10 次以上

二、请您根据您参与的众包社区活动或在众包社区的经历回答以下问题

1. 参与众包活动让我从中获得很多乐趣

A 非常不同意　　　B 不同意　　　C 不确定　　　D 同意　　　E 非常同意

2. 参与众包活动是一件让人感觉享受的消遣活动

A 非常不同意　　　B 不同意　　　C 不确定　　　D 同意　　　E 非常同意

3. 众包活动让我充满好奇且乐于尝试

A 非常不同意　　　B 不同意　　　C 不确定　　　D 同意　　　E 非常同意

4. 参与众包活动让我有一定的归属感

A 非常不同意　　　B 不同意　　　C 不确定　　　D 同意　　　E 非常同意

5. 参与众包活动让我有一定的责任感

A 非常不同意　　　B 不同意　　　C 不确定　　　D 同意　　　E 非常同意

6. 通过众包活动可以使我获得有价值的信息

A 非常不同意　　　B 不同意　　　C 不确定　　　D 同意　　　E 非常同意

7. 参与活动的过程可以提高我的相关能力和技能

A 非常不同意　　　B 不同意　　　C 不确定　　　D 同意　　　E 非常同意

8. 掌握众包活动的整个流程对我来说是容易的

A 非常不同意　　　B 不同意　　　C 不确定　　　D 同意　　　E 非常同意

9. 参与众包活动需要花费我很少的精力

A 非常不同意　　　B 不同意　　　C 不确定　　　D 同意　　　E 非常同意

10. 很容易学会如何参与众包活动的各个操作环节

A 非常不同意　　　B 不同意　　　C 不确定　　　D 同意　　　E 非常同意

11. 众包活动提供了关于如何参与任务和进行交易的操作说明信息

A 非常不同意　　　B 不同意　　　C 不确定　　　D 同意　　　E 非常同意

12. 众包活动提供了大众和发包方之间进行沟通的功能

A 非常不同意　　　B 不同意　　　C 不确定　　　D 同意　　　E 非常同意

13. 众包活动会兼顾参与者的利益

A 非常不同意　　　B 不同意　　　C 不确定　　　D 同意　　　E 非常同意

14. 众包活动会遵守对用户的承诺
A 非常不同意　　B 不同意　　C 不确定　　D 同意　　E 非常同意
15. 众包活动中的成员可以相互帮助
A 非常不同意　　B 不同意　　C 不确定　　D 同意　　E 非常同意
16. 当参与众包活动时我会忘记我周围的环境
A 非常不同意　　B 不同意　　C 不确定　　D 同意　　E 非常同意
17. 我时常会觉得参与众包活动是我生活的一部分
A 非常不同意　　B 不同意　　C 不确定　　D 同意　　E 非常同意
18. 我时常觉得我离不开我所在的众包活动
A 非常不同意　　B 不同意　　C 不确定　　D 同意　　E 非常同意
19. 众包活动给我提供了赚取额外收入的机会
A 非常不同意　　B 不同意　　C 不确定　　D 同意　　E 非常同意
20. 参与众包活动能够提升我的网络等级
A 非常不同意　　B 不同意　　C 不确定　　D 同意　　E 非常同意
21. 参与众包活动能够为我带来更多的网络积分和网络货币
A 非常不同意　　B 不同意　　C 不确定　　D 同意　　E 非常同意
22. 我对于自己参与众包活动的能力很自信
A 非常不同意　　B 不同意　　C 不确定　　D 同意　　E 非常同意
23. 我对于自己在众包活动与人分享有价值信息的能力很自信
A 非常不同意　　B 不同意　　C 不确定　　D 同意　　E 非常同意
24. 我觉得我可以胜任很多众包活动
A 非常不同意　　B 不同意　　C 不确定　　D 同意　　E 非常同意
25. 我以后会继续努力融入众包活动，而不是准备离开
A 非常不同意　　B 不同意　　C 不确定　　D 同意　　E 非常同意
26. 未来我会对众包活动继续保持较高的参与度
A 非常不同意　　B 不同意　　C 不确定　　D 同意　　E 非常同意
27. 如果有机会，我会邀请我的朋友一起参与到众包活动中来
A 非常不同意　　B 不同意　　C 不确定　　D 同意　　E 非常同意

调查到此结束，再次感谢您的参与！

后　记

近年来，随着互联网经济的发展和经济全球化的大力推进，企业面临的竞争也越来越激烈，产业内企业之间竞争态势的变化周期越来越短。如果在发展过程中，缺乏对产业竞争态势和相关竞争对手的了解，企业必然会因为情报的缺乏而在竞争中处于劣势，无法实现健康和可持续的发展，甚至失去生存的空间。基于此，产业竞争态势分析已经引起了国内外学者的广泛关注，部分企业也开始重视对产业的动态监测和预警系统。

产业竞争态势分析是竞争情报分析的重要内容，目的是客观、准确地对某一产业或领域发展态势进行分析和评价，确认企业主要竞争对手，发现主要竞争对手的特定优势与弱势。从国内外产业竞争态势和预警研究的相关文献来看，目前最常用的还是传统的产业竞争态势分析方法：从战略管理的视角出发，以构建企业战略优势为目标，采用 SWOT 分析、PEST 分析①、波特五力模型等分析工具，结合层次分析法、模糊分析法等定量工具，采用定量和定性相结合的策略来衡量产业的竞争态势。这种方法有较为成熟的理论支撑，采用的方法也被广大管理者所理解和熟知，技术难度系数不高，因此实施起来较为简单。但这种方法有明显的不足之处，首先，其主观性比较强，如 SWOT 分析，优势和劣势的选取往往根据分析者的主观意愿，没有明确的判断标准；其次，受到人力和资源的限制，所拥有或者获取的信息有限，很容易做出片面的判断。

将大数据理论、技术与方法引入产业竞争态势预警工作，不仅可以帮助企业认清发展环境、识别潜在风险，还可以帮助企业增强抵御风险能力，提高竞争优势，实现健康可持续发展。本书从大数据给产业竞争态势分析带来的冲击和机遇出发，探索大数据环境下产业竞争态势监测的理论与方法，构建大数据环境下产业竞争态势分析和监测的体系构架以及产业竞争态势预警方法体系，深入分析大数据环境下的产业竞争情报运行机制，以期增强企业决策者的洞察和预见能力。

但是，正如前文提到的，产业竞争态势分析是一个相当复杂的问题，在研究过程中，笔者深深体会到，技术赋能不管在传统的产业中，还是在信息服务行业里，都将带来极大的效能和效果提升，然而进无止境，要真正实现产业竞争态势动态预警还有很长的路要走，还有很多问题需要思考和探索。本书的内容也只是

---

① PEST 分析，即 political, economical, social, technological analysis，是一种企业外部宏观环境的分析框架。通过政治、经济、社会与科技四个维度对企业生存与发展的宏观环境进行分析。